鉄道ミュージアムガイド

Japan Railway Museum Guide

池口英司

旅鉄 BOOKS PLUS

イカロス出版

| はじめに | 004 |
| 全国鉄道ミュージアムMAP | 006 |

CHAPTER 1 全国の注目鉄道ミュージアム ─ 009

鉄道博物館	010
リニア・鉄道館	020
京都鉄道博物館	026
碓氷峠鉄道文化むら	040
青梅鉄道公園	050
鉄道歴史パーク in SAIJO	054
九州鉄道記念館	058
INTERVIEW　博物館員の仕事とは？	064

CHAPTER 2 北海道・東北の鉄道ミュージアム ─ 069

小樽市総合博物館	070
北海道鉄道技術館	073
三笠鉄道村	074
中湧別駅記念館	076
佐呂間町交通公園・鉄道記念館	077
別海町鉄道記念館	078
青函トンネル記念館	079
青函連絡船メモリアルシップ　八甲田丸	080
仙台市電保存館	081
くりでんミュージアム	082

CHAPTER 3 関東・信越の鉄道ミュージアム ─ 083

ロマンスカーミュージアム	084
電車とバスの博物館	088
京急ミュージアム	091
東武博物館	092
京王れーるランド	097
地下鉄博物館	098
横浜市電保存館	100
くびき野レールパーク	101
SLキューロク館	102
糸魚川ジオステーション ジオパル	105
新潟市新津鉄道資料館	106
御代田町交通記念館	110
ながでん電車の広場	111
森林鉄道記念館	112

CONTENTS

CHAPTER 4 東海・近畿の鉄道ミュージアム ── 113

- レトロでんしゃ館 ── 114
- 半田市鉄道資料館 ── 115
- 旧名鉄美濃駅 ── 116
- 旧名鉄谷汲駅 ── 117
- 博物館 明治村 ── 118
- 貨物鉄道博物館 ── 122
- 19世紀ホール ── 125
- 長浜鉄道スクエア ── 126
- 有田川鉄道公園・有田川町鉄道交流館 ── 128
- 鍛冶屋線記念館 ── 129
- 手柄山交流ステーション ── 130
- あけのべ自然学校 ── 131
- 播磨町郷土資料館 ── 132

CHAPTER 5 中国・九州の鉄道ミュージアム ── 133

- 津山まなびの鉄道館 ── 134
- 柵原ふれあい鉱山公園 ── 140
- ヌマジ交通ミュージアム ── 142
- 笠岡市井笠鉄道記念館 ── 143
- 倉吉線鉄道記念館 ── 144
- 直方市石炭記念館 ── 145
- 田川市石炭・歴史博物館 ── 146
- 宮若市石炭記念館 ── 147
- 旧豊後森機関庫公園 ── 148
- 人吉市SL展示館 ── 149
- 永野鉄道記念館 ── 150
- 宮之城鉄道記念館 ── 151
- 鹿屋市鉄道記念館 ── 152

まだある！鉄道ミュージアム ── 153

おわりに ── 158

※本書の情報は2024年10月時点のものです。
各施設の営業時間・休館日等が変わっている場合があります。
ホームページ等で最新の情報をご確認ください。

003

はじめに

街に出よう。
鉄道に乗って

　鉄道にはいろいろな楽しみ方がある。もちろん、これに乗ってどこかへ旅をすることが本分ではあるのだけれど、だからといって遠くへ行く必要などない。自宅の最寄り駅から、2駅か3駅くらい電車に揺られてみるだけでよい。もしもそこにまだ1度も降りたことのない駅があったなら、試しに一度、そこで電車を降りてみよう。予定や目的にこだわることなく、気の向くままに街を歩いてみよう。きっとそこに発見がある。

　自宅から都心に向かい、地下鉄に乗って終点まで1往復する。この1往復が読書の時間にちょうどよいと書いた作家もいた。この人にとっては、喧騒に満ちあふれているような地下鉄でさえ、格好の気分転換の場所になっているのである。大都市の地下を走る自分だけの書斎。そんな場所を見つけ出すことができれば愉快だ。

　鉄道の写真を撮ることも楽しい。重いカメラを持って深い山道に分け入る必要はない。最近のスマホは、高級なカメラに負けない描写力を備えているから、これで駅の写真を撮ろう。駅で見かけた電車の写真を撮ろう。駅弁や、駅前に建つお店の写真を撮ろう。もしもその時に、いつもは見かけることのない色の電車がやって来たら、写真を撮って友達に自慢しよう。SNSに投稿するのも良い。話がはずめば、それで一日の夜を楽しく過ごすことができる。大切なのは、まず出かけてみることだ。

　これだけではない。鉄道を通じて歴史を学んだり、美味しいものを探してみたりすることも、鉄道の楽しみ方の一つである。そんな機会を通じて鉄道のことをもっと知れば、出かけることがもっと楽しくなる。

とても魅力的になった
最近の博物館

　ところで、鉄道の世界は何やら複雑である。線路のまわりには、いろいろなものが建っていて、どうやら複雑な動き方をしているようだ。専門用語もあって何か怪しげだ。「デゴイチ」って、どういう意味？「貴婦人」って、何のこと？　きっと、そんな疑問が湧いてくることもあるだろう。その時は鉄道の博物館に出かけてみよう。ネットで検索してもよいけれど、この便利なツールは、しかし簡単なことを教えてくれないこともある。便利なのか不便なのか、ちょっと解らなくなる時もある。

　そのような時は博物館に行こう。博物館

PROLOGUE

まずは一度、鉄道博物館に出かけよう

　本書では、そんな博物館巡りの手助けができるよう、全国の鉄道博物館の基礎的なデータを集めてみた。特に保存されている車両を紹介することに重きを置いて、けれども情報が複雑過ぎるものとならないように、気軽に見て楽しめるように留意している。もしも、気になる博物館があったなら、是非一度、実際にそこに出かけて欲しい。

　なお本書の中には国鉄、国有鉄道という言葉が出て来るが、これは現在のJRの前身となる組織のことで、明治初期の創設以来、何度かの組織変更によって名称も変更されているが、その組織を一元的に指しているものである。

　まずは、難しいことなど何も考えなくてよい。鉄道博物館に出かけて、何か楽しいものを見つけてみよう。その場所の空気を吸ってみよう。それだけのことで、きっと帰りの電車が、来た時よりも楽しくなる。

はその道のプロの知識、知性が集まった場所だ。だからネットのような片手落ちをすることがない。来訪者がいつもは気にしていなかったことまで教えてくれる気づきの場所である。それに近年の博物館は昔と違って、アミューズメント性をとても大切にしている。うす暗い場所に、不思議な機械が並べられているだけの場所ではなくなっている。鉄道をテーマにした博物館であれば、少し大きな所であれば、運転シミュレーターや、鉄道模型レイアウト（ジオラマ）などや、キッズスペースが作られていて、アミューズメントパークと同じように楽しむことができる。親子で楽しむことができるのは当然のこと。それにこれは内緒話なのだけれど、博物館の入館料はたいがいのアミューズメントパークよりも安いのである。お財布にも優しいのだ。親子で楽しく、安く、一日の休日を過ごそう。

　小さな博物館にも、それぞれの魅力がある。一つの展示物にも必ず来歴があって、そこに歴史が刻まれている。歴史を知ることは、人を知ること。これは大人だけの知的な楽しみとなる。

005

全国鉄道ミュージアムMAP

㉘ 博物館明治村
㉙ レトロでんしゃ館
㉚ リニア・鉄道館
㉛ 半田市鉄道資料館
㉜ 旧名鉄美濃駅
㉝ 旧名鉄谷汲駅
㉞ 長浜鉄道スクエア
㉟ 貨物鉄道博物館
㊱ 京都鉄道博物館
㊲ 19世紀ホール
㊳ 鍛冶屋線記念館
㊴ あけのべ自然学校
㊵ 播磨町郷土資料館
㊶ 手柄山交流ステーション
㊷ 有田川鉄道公園・有田川町鉄道交流館
㊸ 倉吉線鉄道記念館
㊹ 津山まなびの鉄道館
㊺ 柵原ふれあい鉱山公園
㊻ 笠岡市井笠鉄道記念館
㊼ ヌマジ交通ミュージアム
㊽ 鉄道歴史パーク in SAIJO
㊾ 九州鉄道記念館
㊿ 直方市石炭記念館
(51) 田川市石炭・歴史博物館
(52) 宮若市石炭記念館
(53) 旧豊後森機関庫公園
(54) 人吉市SL展示館
(55) 永野鉄道記念館
(56) 宮之城鉄道記念館
(57) 鹿屋市鉄道記念館

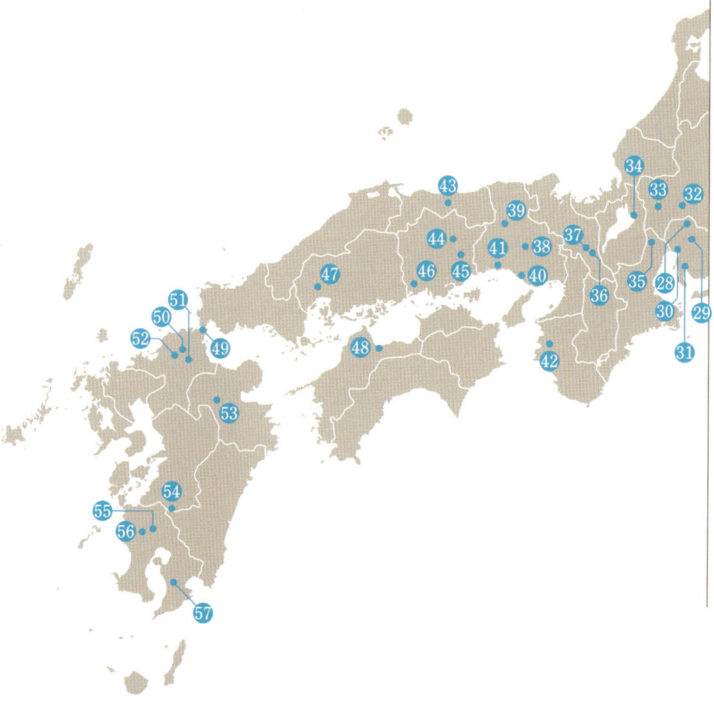

ミュージアムお問い合わせ先

CHAPTER 1

鉄道博物館 ・・・・・・・・・・・・・・ 048-651-0088
リニア・鉄道館 ・・・・・・・・・・・ 052-389-6100
京都鉄道博物館 ・・・・・・・・・・ 0570-080-462
碓氷峠鉄道文化むら ・・・・・・・ 027-380-4163
青梅鉄道公園 ・・・・・・・・・・・・ (リニューアル工事中)
鉄道歴史パーク in SAIJO ・・・ 0897-47-3855
九州鉄道記念館 ・・・・・・・・・・ 093-322-1006

CHAPTER 2

小樽市総合博物館 ・・・・・・・・ 0134-33-2523
北海道鉄道技術館 ・・・・・・・・ 011-721-6624
三笠鉄道村 ・・・・・・・・・・・・・・ 01267-3-1123
中湧別駅記念館 ・・・・・・・・・・ 01586-2-2188
佐呂間町交通公園・鉄道記念館
　　　　　　　(役場町民課) 01587-2-1213
別海町鉄道記念館 ・・・・・・・・ 0153-74-9648
青函トンネル記念館 ・・・・・・・ 0174-38-2301
青函連絡船メモリアルシップ八甲田丸
　　　　　　　　　　・・・・・・・・ 017-735-8150
仙台市電保存館
　　　　(交通局経営企画課) 022-712-8312
くりでんミュージアム ・・・・・・ 0228-24-7961

CHAPTER 3

ロマンスカーミュージアム ・・ 046-233-0909
電車とバスの博物館 ・・・・・・・ 044-861-6787
京急ミュージアム ・・・・・・・・・ 045-225-9696
東武博物館 ・・・・・・・・・・・・・・ 03-3614-8811
京王れーるランド ・・・・・・・・・ 042-593-3526
地下鉄博物館 ・・・・・・・・・・・・ 03-3878-5011
横浜市電保存館 ・・・・・・・・・・ 045-754-8505
くびき野レールパーク ・・・・・・ 090-1424-2069
SLキューロク館 ・・・・・・・・・・ 0285-83-9600
糸魚川ジオステーション ジオパル
　　　　　　　　　　・・・・・・・・ 025-552-1511
新潟市新津鉄道資料館 ・・・・・ 0250-24-5700
御代田町交通記念館 ・・・・・・・ 0267-32-8922
ながでん電車の広場 ・・・・・・・ 026-248-6000
森林鉄道記念館 ・・・・・・・・・・ 0264-52-1133

CHAPTER 4

レトロでんしゃ館 ・・・・・・・・・ 052-807-7587
半田市鉄道資料館 ・・・・・・・・ 0569-23-7341
旧名鉄美濃駅 ・・・・・・・・・・・・ 0575-33-1122
旧名鉄谷汲駅(谷汲昆虫館)・・ 0585-56-3833
博物館 明治村 ・・・・・・・・・・・ 0568-67-0314
貨物鉄道博物館 ・・・・・・・・・・ 059-364-2141
19世紀ホール ・・・・・・・・・・・ 075-861-7444
長浜鉄道スクエア ・・・・・・・・・ 0749-63-4091
有田川鉄道公園・有田川町鉄道交流館
　　　　　　　　　　・・・・・・・・ 0737-52-8710
鍛冶屋線記念館 ・・・・・・・・・・ 0795-32-4779
手柄山交流ステーション ・・・ 079-299-2500
あけのべ自然学校 ・・・・・・・・ 079-668-0258
播磨町郷土資料館 ・・・・・・・・ 079-435-5000

CHAPTER 5

津山まなびの鉄道館 ・・・・・・・ 0868-35-3343
柵原ふれあい鉱山公園 ・・・・・ 0868-62-7155
ヌマジ交通ミュージアム ・・・ 082-878-6211
笠岡市井笠鉄道記念館 ・・・・・ 0865-65-2706
倉吉線鉄道記念館 ・・・・・・・・ 0858-22-8158
直方市石炭記念館 ・・・・・・・・ 0949-25-2243
田川市石炭・歴史博物館 ・・・ 0947-44-5745
宮若市石炭記念館 ・・・・・・・・ 0949-32-0404
旧豊後森機関庫公園 ・・・・・・・ 0973-77-2222
人吉市SL展示館 ・・・・・・・・・ 0966-22-2111
永野鉄道記念館 ・・・(さつまPR課) 0996-24-8952
宮之城鉄道記念館 (さつまPR課) 0996-24-8952
鹿屋市鉄道記念館 ・・・・・・・・ 0994-40-0078

CHAPTER 1

全国の注目
鉄道ミュージアム

充実した展示や地域を象徴するような車両が見られる、各地を代表する一度は行きたいミュージアムたち

本館1階の「車両ステーション」には、転車台を中心にして、日本の鉄道史に名を刻む車両がずらりと並んでいる

KANTO

埼玉県さいたま市

鉄道博物館

鉄道のまち・大宮にある日本を代表する鉄道ミュージアム
展示車両、収蔵資料の中には貴重な文化財も多数存在する

INFO

◎アクセス：大宮駅よりニューシャトル「鉄道博物館駅」下車　◎開館時間：10:00〜17:00（最終入館16:30）毎週火曜、年末年始は休館　◎入館料：大人1500円、小中高生500円、幼児200円（前売料金）

日本の鉄道界全般を代表する博物館とすべく、JR東日本の創立20周年を記念するプロジェクトの一つとして、さいたま市の鉄道施設跡地に2007（平成19）年10月14日にオープンした鉄道を専門とする博物館。施設が老朽化した東京・神田の交通博物館の代替施設という一面も有しており、交通博物館で保存展示されていた資料も当館に移されている。

館内には42両の実物車両が保存・展示され、日本の鉄道の歴史の貴重な証言者となってい

るほか、収蔵されている古文書、映像資料などにも貴重なものが多く、国の重要文化財に指定されているものが5件、鉄道記念物に指定されているものが16件ある。

そのほかにも、ミニ車両の運転が楽しめる「ミニ運転パーク」、車両の運転体験ができる「運転シミュレータ」、HOゲージの鉄道模型の走行シーンが楽しめる「鉄道ジオラマ」などの展示があり、楽しみながら、鉄道のしくみや歴史について学ぶことができる博物館となっている。

上／「ミニ運転列車」。一周300mのレールの上をミニ車両で走ろう　下／「歴史ステーション」。日本の鉄道の歴史を展示。

写真提供：鉄道博物館

広いフロアに並ぶ貴重な資料 楽しみながら日本の鉄道を学ぼう

館内情報 ─ 鉄道博物館

上／「仕事ステーション」。鉄道を支える仕事を体験しながら学ぼう　下左／「科学ステーション」。鉄道のしくみを知ろう　下右／「未来ステーション」。鉄道の未来を考えよう。

「鉄道ジオラマ」。線路総延長は約1200mあり、HOゲージとしては日本で最大級のジオラマ。展示解説員が解説しながら模型車両を運転する「解説プログラム」を実施している。

上／「トレインレストラン日本食堂」。食堂車のイメージを再現し、落ち着いた雰囲気の中、贅沢なメニューが味わえる　下／「ビューレストラン」。窓の外を走る新幹線を眺めながら、気軽に食事が楽しめる。

「ミュージアムショップTRAINIART（トレニアート）」。デザイン、機能にこだわった、オリジナルの鉄道グッズを多数取り揃え。ここでしか手に入れられない一品を探し出したい。

鉄道博物館
展示車両図鑑

1号機関車（**150形蒸気機関車**）1872（明治5）年10月14日の日本で最初の鉄道である新橋〜横浜間の開業に際して、イギリスから輸入された10両の機関車のうちの1両。国の重要文化財、鉄道記念物に指定されている。

弁慶号機関車
（**7100形蒸気機関車**）

1880（明治13）年11月の北海道で最初の鉄道開業に際しアメリカから輸入された。前面に取り付けられたカウキャッチャーやダイヤモンドスタック煙突など、西部劇に出てきそうなスタイルが特徴。鉄道記念物に指定されている。

C57形蒸気機関車

C57形は地方幹線の旅客列車けん引用として、1937（昭和12）年から計201両が製造された。135号機は1975（同50）年12月14日に蒸気機関車による最後の定期旅客列車をけん引した。

ED40形電気機関車

国産で最初の本線用電気機関車として1919（大正8）年から14両が製造。当館の10号機は当初、信越本線横川〜軽井沢間で使用され、アプト式の特殊な機構を有していたが、のちに私鉄に譲渡され、アプト式の機構は撤去された。国の重要文化財、準鉄道記念物に指定されている。

EF55形電気機関車

特急用として1936（昭和11）年に3両のみ製造された。当時の世界的な流行を受け先頭部は流線形で、前後を非対称のデザインに。東海道本線で特急「燕（つばめ）」「富士」などをけん引した。

EF58形89号電気機関車

1946（昭和21）年から計172両が製造された国鉄を代表する電気機関車。直流電化された各線で活躍。89号機は東海道本線全線電化完成初日に、大阪発上り特急「つばめ」をけん引した。

展示車両図鑑　鉄道博物館

013

ED75形電気機関車

交流電化区間用の標準形電気機関車として1963（昭和38）年から計302両が製造された。700番代は奥羽本線・羽越本線向けとして開発され、塩害対策も強化されている。一部の機関車は青函トンネル用のED79形に改造された。

EF66形電気機関車

貨物列車の高速化を目的として1966（昭和41）年に試作車が登場し、1968（同43）年から量産された。国鉄・JRを通じて計89両が製造。1985（同60）年からは、そのパワーを生かして東京と九州方面を結ぶ寝台特急列車もけん引した。

DD13形 ディーゼル機関車

操車場、駅構内などで入換えに使用されていた蒸気機関車の置き換えを目的に、1958（昭和33）年から計416両が製造された。凸形の機能的なスタイリングは後に製造されたディーゼル機関車にも継承された。

マイテ39形客車　1930（昭和5）年に製造。当時の国鉄を代表する特急「富士」の最後尾に連結された1等展望車。車内は半室が1等座席車、半室がフリースペースの展望室。和風の豪華な内装は外国人観光客を意識したもの。

ナハネフ22形客車（20系客車）　1958（昭和33）年に登場した20系客車の、編成端に連結する2等寝台車で1964（同39）年から製造された。冷暖房や固定式の二重窓を備え居住性が向上。後年「ブルートレイン」の愛称でも親しまれた。

展示車両図鑑　鉄道博物館

ナデ6110形電車
（ナデ6141号電車）

1911（明治44）年から製造され、山手線・中央線などで活躍。ボギー電車（車体の前後に2軸の台車を装置した車両）では現存最古の車両。鉄道院最初の3扉車で、今日の国鉄・JRの通勤形電車の原型となった車両。国の重要文化財、鉄道記念物に指定。

クモハ101形電車
（101系電車）

1957（昭和32）年に登場した101系（登場時はモハ90形）電車の先頭車。101系は制御装置・駆動装置などを大幅に刷新し、以後の国鉄電車の基本を確立。オレンジ色の塗装も利用者を驚かせた。

クハ181形電車
（181系電車）

1958（昭和33）年11月から東海道本線の特急「こだま」として運転を開始し、一世を風靡した151系特急形電車と同系を山岳区間用に改良した161系特急形電車を統合して181系に改称。当館の車両は「クハ161」として製造開始したが、その途中で181系を名乗ることになり、「クハ181」として登場した。

クハ481形電車
（485系電車）

485系は直流・交流の両方の区間を走行できる特急形電車として1964（昭和39）年から計1453両が製造され、四国をのぞく全国で活躍した。製造期間が長期にわたったため、先頭車は当館のクハ481-26のようなボンネット形、貫通形、非貫通形がある。

キハ41300形気動車

ローカル線の近代化や地方都市圏での輸送改善のため、1933（昭和8）年から製造された。当初はガソリンエンジンを搭載していたが、戦後にディーゼルエンジンに換装。キハ41307は1958（同33）年の廃車後も4私鉄を渡り歩き、1987（同62）年に引退。

展示車両図鑑 ── 鉄道博物館

21形新幹線電車（0系電車）

1964（昭和39）年10月の東海道新幹線東京〜新大阪間開業から運転を開始した0系新幹線電車の、新大阪寄り先頭車。0系は世界の鉄道に先駆けて200km/h以上での営業運転を実現させた。安定した性能で長期にわたって製造され、計3216両に達し、2008（平成20）年に営業運転を終了した。

222形新幹線電車（200系電車）

1982（昭和57）年に開業した東北・上越新幹線用として開発された200系新幹線電車の盛岡・新潟寄り先頭車。200系は0系のスタイリングを踏襲しつつ、耐寒・耐雪装備を強化して登場した。JR発足後に2階建て車両などさまざまなバリエーションが登場し、2013（平成25）年まで活躍した。

411形新幹線電車（400系電車）

1992（平成4）年に開業した山形新幹線用に製造された400系の東京寄り先頭車。400系は東北新幹線と線路幅を新幹線と同じ幅に改めた奥羽本線を直通するため、車体は在来線車両と同じ大きさで造られている。

E153形新幹線電車
（E1系電車）

1994（平成6）年から6編成72両が製造。東北・上越新幹線で運転されたE1系新幹線電車の東京寄り先頭車。当時は新幹線通勤が増加する一方、東京駅ホームは1面2線しかなく、ピーク時間帯の列車増発が難しかったため、1列車当たりの定員を増やすためにオール2階建て車両とした。

E514形新幹線電車
（E5系電車モックアップ）

東北新幹線で最高320km/hでの営業運転を行うために製造されたE5系新幹線電車の新青森寄り先頭車。展示されているのはモックアップ（実物大模型）だが、E5系独特の機能的なスタイリングを目の当たりにでき、グランクラスの車内も実車同様の内装となっている。

1号御料車（初代）

1877（明治10）年の京都〜神戸間の鉄道開業式典に明治天皇が行幸されるにあたり、前年に製造された日本最初の御料車。現存する日本最古の客車でもある。全長7.3mの当時としては大型の客車で、和洋折衷のデザインでまとめられている。国の重要文化財、鉄道記念物に指定されている。

展示車両図鑑 ── 鉄道博物館

シンボル展示エリアに並ぶ3両の車両。いずれも当時の世界最高速度を記録したスピードランナーたちだ

愛知県名古屋市

リニア・鉄道館

JR東海が運営する鉄道ミュージアム。多彩な車両や資料を通して「高速鉄道技術の進歩」を分かりやすく伝える

JR東海が2011（平成23）年3月14日にオープンした鉄道ミュージアム。39両の車両が保存展示されており、いずれも各時代を代表する車両が並ぶ。

東海道新幹線を中心に、在来線から超電導リニアまでの展示を通じて「高速鉄道技術の進歩」を紹介。特に、シンボル展示エリアには世界最速記録をマークした3つの車両が集結し、その象徴となっている。

中京圏で活躍した車両や、東海道新幹線で運転された新幹線電車の保存も多く、これも当館の特色となっている。保存展示されている車両はすべて静態保存の形を採っている。

そのほか、新幹線や在来線の運転シミュレータや、日本最大の規模とうたわれるHOゲージレイアウト（鉄道ジオラマ）、鉄道の歴史や超電導リニアのしくみが学べる展示なども充実。先端の技術を活かした展示で楽しくわかりやすく、鉄道について学ぶことができるミュージアムとなっている。

INFO

◎アクセス：名古屋駅よりあおなみ線「金城ふ頭」駅下車徒歩2分　◎開館時間：10:00～17:30（最終入館17:00）毎週火曜、年末年始は休館　◎入館料：大人1000円、小中高生500円、幼児200円

名古屋市南部の金城ふ頭の一角に建つ「リニア・鉄道館」。名古屋駅からあおなみ線でおよそ25分で到着する。

HOゲージによる鉄道模型レイアウト。約220㎡という雄大なもので、日本最大級とうたわれている。東海道新幹線16両フル編成が走る。

展示物にも先端の技術を活かし
複雑な鉄道のシステムを解説

館内情報 ― リニア・鉄道館

左／新幹線N700系の実物大の運転台による運転シミュレータ。右2点／在来線の運転・車掌体験ができるシミュレータ。運転シミュレータは211系と313系タイプの2種、車掌シミュレータは実物大の313系を再現。

「超電導リニア展示室」。現在の最先端をゆく超電導磁気浮上式鉄道について、体験装置、模型を使って、基本的なシステムを解説。ミニシアターで疑似体験もできる。

キッズコーナーにはプラレールも設置。親子で自由に楽しむことができる。

リニア・鉄道館
展示車両図鑑

MLX01-1
超電導磁気浮上式鉄道の試験車両。2003（平成15）年に山梨リニア実験線で当時の世界最高速度581km/hを記録。

955形新幹線試験電車　955-6
300Xという通称でも呼ばれた試験電車。1996（平成8）年に電車方式では当時の世界最速となる443km/hを記録した。

C62形式蒸気機関車　C62 17
日本最大の旅客用蒸気機関車。17号機は1954（昭和29）年に狭軌鉄道で世界最速となる129km/hを記録した。

クモハ165形式電車
クモハ165-108

勾配区間用の急行電車、キハ165系の先頭車。急行「アルプス」などの山岳夜行列車としても活躍した。

キハ82形式気動車
キハ82 73

1961（昭和36）年から運転を開始したキハ80系82形の先頭車。全国の非電化幹線を特急として走った。

オヤ31形式建築限界測定車
オヤ31 12

線路の敷設時などに使用された測定用の車両。車体の周囲に搭載されたセンサー（測定用腕木）で、走行しながら建築物への支障がないかを測定できる。

クハ117形式電車
クハ117-30

関西・中京圏を走る新快速用に開発された車両。名古屋地区では「東海ライナー」の愛称で親しまれた。

展示車両図鑑 ― リニア・鉄道館

023

700系新幹線電車
723-9001

300系の後継車となった700系の量産先行試作車。700系では快適性の向上と、環境適合性の推進が図られた。(写真左から1番目)

300系新幹線電車
322-9001

270km/h運転を実現した300系の量産先行試作車。開発に際し、徹底した軽量化と空気抵抗の削減が図られた。(写真左から2番目)

100系新幹線電車
123-1

0系新幹線電車の後継車として1985(昭和60)年に登場した100系新幹線の1号車。(写真左から3番目)

0系新幹線電車
21-86

1964(昭和39)年に運転を開始し、総計3216両が製造された0系。21形式は1号車で143両が誕生。(写真左から4番目)

クハ381形式電車
クハ381-1

振子式システムを採用し曲線通過速度を向上させた381系。クハ381-1は中央本線などで活躍した。(写真左から5番目)

モハ52形式電車
モハ52004

京阪神間の急行用として1936(昭和11)年から製造を開始。「流電」の愛称でも親しまれた。(写真左から6番目)

モハ1形電車
モハ1035

京浜線(現在の京浜東北線の一部)、中央線などで運転された鉄道電化黎明期の電車。車体は木製だった。(写真左から7番目)

ED11形式
電気機関車
ED11 2

大正時代にアメリカから輸入された小型電気機関車。東海道本線、横須賀線の電化直後から使用された。(写真左から8番目)

N700系新幹線電車　783-9001
700系をベースに諸性能のさらなる向上が図られたN700系。
新幹線で初めて車体傾斜システムを採用した。

展示車両図鑑 ── リニア・鉄道館

屋外に展示されている扇形車庫と転車台

KINKI

京都府京都市
京都鉄道博物館

**日本最大級の鉄道ミュージアム。
生き生きとした車両展示が魅力**

INFO

◎アクセス：JR梅小路京都西駅より徒歩2分　◎開館時間：10:00〜17:00（最終入館16:30）毎週水曜（祝日、春休み、夏休み期間は開館）※臨時休館あり、年末年始は休館　◎入館料：大人1500円、大学生・高校生1300円、中学生・小学生500円、幼児200円

　この地にあった梅小路蒸気機関車館をリニューアルする形で2016（平成28）年4月29日にグランドオープンした、日本最大級の鉄道博物館。2014（平成26）年に閉館した大阪の交通科学博物館の収蔵物も多く引き継ぎ、両館で保存・展示されていた車両や、さまざまな資料が継承された。

　梅小路蒸気機関車館から引き継がれた扇形車庫もそのまま残され、ここには20両の蒸気機関車を保存・展示している。このうちの8両が動態保存されており、館内全体で54両もの車両が保存されている。また、この扇形車庫そのものも国の重要文化財に指定され、エントランス付近に建つ旧二条駅舎も京都市の有形文化財に指定されるなど、歴史的価値の高い展示物は多い。

　運転シミュレータでは、運転士になりきっておしごと体験ができる。屋外に敷設された往復1kmの線路では、「SLスチーム号」という名で随時蒸気機関車の乗車体験が行われており、同館の目玉の一つとなっている。

京都駅からのアクセスも良好な京都鉄道博物館。オープン以来、衰えない人気を誇る。

写真提供：京都鉄道博物館

上／「SLスチーム号」。往復1kmの線路を走る動態保存の蒸気機関車。車両は日によって変更される　左／運転シミュレータなどおしごと体験もできる（事前チケット販売制）。

鉄道史に名を残す名車を保存
見せ方にもこだわり

トワイライトプラザは2代目京都駅の上屋を再利用している。EF81形電気機関車や、EF58形電気機関車が保存・展示されている。

本館2階の鉄道ジオラマ。さまざまな鉄道模型車両が駆け抜ける。すべての線路を合わせると1000mを超え、日本最大級。

エントランスと本館をつなぐ、長さ約120mのプロムナード。駅のプラットホームをイメージして、開放的な雰囲気でまとめられている。

京都鉄道博物館
展示車両図鑑

C62形蒸気機関車1号機
日本最大の旅客用蒸気機関車。1号機は試作機として山陽本線で試験運転が繰り返された。

C62形蒸気機関車2号機
除煙板に「つばめマーク」が取り付けられたことから「スワローエンゼル」の愛称がつけられた。

C62形蒸気機関車26号機
大阪の交通科学博物館から移設された機関車。26号機は現存するC62形の中で唯一の川崎車輌製。

7100形蒸気機関車7105号機

幌内鉄道開業に際してアメリカから輸入。「義経」の愛称があり、鉄道記念物に指定されている。

1800形蒸気機関車1801号機

明治時代にイギリスから輸入。京都～大津間の勾配線区で使用された。鉄道記念物に指定されている。

1070形蒸気機関車1080号機

明治期にイギリスから輸入された機関車で、1080号機は改造を受けた後、美濃太田機関区で活躍後、日鉄鉱業で活躍。2009年に梅小路蒸気機関車館に譲渡された。

230形蒸気機関車233号機

初めて量産された国産機関車。233号機は国の重要文化財、鉄道記念物に指定されている。

展示車両図鑑 ── 京都鉄道博物館

8620形蒸気機関車
8630号機

大正時代に量産された旅客用機関車。1914（大正3）年から1929（昭和4）年までに687両製造された。8630号機は主に東北地方で活躍。

9600形蒸気機関車
9633号機

大正時代に量産された貨物用機関車で、国鉄の蒸気機関車の最晩年まで活躍した。

D50形蒸気機関車
140号機

9600形の後継機として開発された貨物用機関車。火室が広く高出力のため、全国の主要幹線で活躍した。

D51形蒸気機関車
1号機

D51形蒸気機関車の1号機。D51形は蒸気機関車としては最多の1115両が製造された。製造初期の車両は車体上部の形状から「ナメクジ」の愛称でも親しまれた。

D51形蒸気機関車
200号機

「デゴイチ」200号機は標準的なスタイル。2014年には本線への復帰が決定し、「SLやまぐち号」としても活躍している。

C61形蒸気機関車
2号機

戦後にD51形の改造によって生まれた機関車。初めて自動給炭装置が採用された。

C51形蒸気機関車
239号機

東海道本線の特急「燕」も引いた名機。また、お召し列車の専用指定機として活躍。

展示車両図鑑 ― 京都鉄道博物館

C59形蒸気機関車164号機
東海道・山陽本線などの主要幹線で特急列車などをけん引した。

C53形蒸気機関車45号機
東海道・山陽本線で運転された機関車。国産機で唯一の3シリンダー機として知られる。

C11形蒸気機関車64号機
ローカル線で活躍した小型タンク機関車。1947（昭和22）年まで381両が製造された。

C55形蒸気機関車1号機
1935年に登場した亜幹線旅客用のテンダー式蒸気機関車。

C57形蒸気機関車1号機
細身の外観から「貴婦人」の愛称で親しまれる。1号機は山口線の「SLやまぐち号」のけん引機として活躍している。

C58形蒸気機関車1号機
中型旅客用機関車。「SLやまぐち号」を引いた時代があったが現在は静態保存されている。

C56形蒸気機関車160号機
ローカル線での運転に適した小型機関車。ラストナンバーである160号機も近年までイベント列車の運転に起用されていた。

B20形蒸気機関車10号機
構内などの入れ換え用小型機関車。

D52形蒸気機関車468号機
貨物用蒸気機関車として日本最大のパワーを誇る。長大貨物列車などのけん引に使用された。

展示車両図鑑 — 京都鉄道博物館

EF52形電気機関車 1号機

電気機関車の標準化を図るために鉄道省と国内メーカーが共同開発した機関車。鉄道記念物に指定されている。

EF58形電気機関車150号機

特急や急行のけん引機として活躍した旅客用直流電気機関車。

EF65形電気機関車1号機

日本を代表する直流電気機関車の1号機。安定した走行とけん引力で長距離運転が可能な機関車として登場し、貨物列車用、寝台特急列車けん引用なども誕生した。

EF81形電気機関車103号機

交直両用機関車の決定版的存在。特急「トワイライトエクスプレス」けん引当時の塗装で保存されている。

EF66形電気機関車35号機

東海道本線や山陽本線の高速貨物列車で活躍した直流電気機関車。

DD54形ディーゼル機関車33号機

亜幹線の輸送近代化を図って1966（昭和41）年に登場。ヨーロッパ風のデザインが採用されている。

DD51形ディーゼル機関車756号機

本線用のディーゼル機関車。特急から貨物まで非電化区間の主力機として活躍した。

マイテ49形2号車

展望デッキを備える最上級ランクの客車。

クハ117形1号車

京阪神地域のニーズに合わせて製造された直流近郊型電車。

展示車両図鑑 ― 京都鉄道博物館

0系新幹線電車21形1号車

0系新幹線の新大阪寄り先頭車。当初はボンネットの先端に「光前頭」が設置されていた。

0系新幹線電車16形1号車

編成の中央部に連結されたグリーン車（当初は一等車）。室内にはリクライニングシートが設置された。

0系新幹線電車35形1号車

ビュフェと普通車の合造車。東海道新幹線開業時に本格的な食堂車の代わりにビュフェ車が連結された。

0系新幹線電車22形1号車

0系新幹線の東京方面先頭車。21形と異なり、後位車端部に乗務員室を備えている。

100系新幹線電車122形5003号車

2階建て車両を2両連結し、アコモデーションの改善を図った。

500系新幹線電車521形1号車

山陽新幹線で国内最高（当時）300km/h運転を実現した。

クハ86形1号車
東海道本線などで幅広く活躍した80系。1次車は正面3枚窓のデザインを採用している。

モハ80形1号車
80系の中間電動車。長大編成を念頭に、初めて中間車に電動車を備えた。

クハ103形1号車
1964(昭和39)年に登場した通勤形電車。機能性と経済性を重視した設計で、大きな成功を収めた。

クハネ581形35号車
1967(昭和42)年に登場した世界初の昼夜両用の電車で、世界初の本格的な寝台電車でもあった。

クハ489形1号車
489系特急形電車の先頭車。1号車は初期形のボンネットスタイルを採用している。

キハ81形3号車
1960(昭和35)年に特急用ディーゼルカーとして登場した。

展示車両図鑑 — 京都鉄道博物館

スシ28形301号車

1933（昭和8）年に食堂車と2等座席の合造車「スロシ38000形」として登場。その後、改造をくり返して現在の姿となった。

マロネフ59形1号車

皇族・貴賓客用の客車として1938（昭和13）年に神戸の鷹取工場で製造された1・2等寝台緩急車「マイロネフ37290形」の3両のうちの1つ。

オハ46形13号車

スハ43形をベースとして、台車交換などによって軽量化改造がなされた形式。

オロネ24形4号車

24系客車のA寝台車。開放形の2段式（プルマン式）寝台が特徴。

ナシ20形24号車

初代「ブルートレイン」20形の食堂車。電子レンジや冷蔵庫などの厨房設備が初めて完全電化された。

スシ24形1号車

スシ24形は「サシ489形」食堂車の改造で誕生した形式。「トワイライトエクスプレス」の食堂車として活躍した。

スロネフ25形501号車

寝台特急「トワイライトエクスプレス」専用のA寝台列車。展望スイートを含む5室が設けられていた。

オハ25形551号車

「トワイライトエクスプレス」のサロンカー。室内には大型の窓と海に向けたシートが配置されている。

ヨ5000形5008号車

日本初のコンテナ専用特急貨物列車「たから号」に連結された車掌車。

ワム3500形7055号車

大正時代の代表的な15t積み有蓋貨車。貨物列車の主役として使用された。

展示車両図鑑 ― 京都鉄道博物館

旧横川機関区跡の広いスペースを利用。屋外に数多くの鉄道車両が並ぶ。旧信越本線の線路も運転体験に使用されている

群馬県安中市
碓氷峠鉄道文化むら

碓氷峠越えの基地だった横川機関区の跡地に建つミュージアム。
EF63形電気機関車の運転体験も楽しめる

1999(平成11)年オープン。当園は信越本線が碓氷峠を越えるための車両基地として賑わった横川駅に隣接して設けられ、EF63形電気機関車など、碓氷峠越えにゆかりの車両も多数集められている。横川〜軽井沢間の鉄道は北陸新幹線の開業によって姿を消したが、当園で在りし日の姿を偲ぶことができる。

保存・展示されている車両は40両。電気機関車が多く保存されているのも特徴で、このうちの4両のEF63は、かつて使用されていた線路を使用しての運転体験が可能だ。この運転体験には事前に一日講習を受ける必要がある。とはいえ講習は難しいものではないので、是非チャレンジしてみよう。

そのほか、園内には碓氷峠のジオラマや、碓氷峠に関するさまざまな資料が展示されているほか、広い野外スペースを利用してのミニ列車や、やはり昔の線路を利用してのトロッコ列車の運転もあり、さまざまな鉄道車両を目の当たりにして、その動きを楽しむことができる博物館に仕立てられている。

INFO

◎アクセス:JR信越本線横川駅下車 ◎開園時間:9:00〜17:00(3/1〜10/31、最終入園16:30)9:00〜16:30(11/1〜2月末、最終入園16:00) 毎週火曜(8月を除く)、年末年始は休園(火曜日が祝祭日の場合は翌日休園) ◎入園料:中学生以上700円、小学生400円、幼児無料

上/エントランス 下/トロッコ列車「シェルパくん」。

広い屋外展示場にさまざまな車両がゆったりと並べられている。電気機関車が数多く保存されているのが大きな特徴で、ここでしか見られない形式も多い。

館内情報 ── 碓氷峠鉄道文化むら

碓氷峠越えに働いたEF63の運転体験もできるミュージアム

上／園内を周遊する「あぷとくん」。線路幅610㎜の小さな鉄道だが、車内から園内を一望できる。
下／線路幅5インチ、1周300mの線路を走る「ミニSL」。

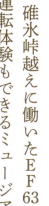

上／碓氷峠越えに使用されたEF63は4両が動態で残されている。講習を受けることで、この機関車を運転することができる　左／各種の機器が並ぶEF63の運転台。

鉄道資料館内のジオラマ。HOゲージで1日8回運転。ナレーターは女子鉄アナウンサーの久野知美さん。

鉄道資料館1階の売店。オリジナルのNゲージ車両や、EF63を描いたTシャツなど、オリジナルグッズが多数揃えられている。

041

碓氷峠
鉄道文化むら
展示車両図鑑

EF63形電気機関車　EF63 24
EF63形電気機関車は横川〜軽井沢間の線路が健在だった時代に、急勾配が続くこの区間専用で補助に使用された。

EF63形電気機関車　EF63 1
EF63のトップナンバー。現役時代のEF63は2両を1組として使用されていた。

EF63形電気機関車　EF63 10
やはりEF63のうちの1両。当園では4両のEF63が体験運転用として保存・整備されている。

EF62形電気機関車
EF62 1

碓氷峠ではEF63と組み、首都圏から長野方面へ直通する運転用として開発された。54両が誕生。

EF62形電気機関車
EF62 54

同じくEF62。3軸を一つの台車にまとめたC-Cという動軸の配置も本機の特徴の一つだ。

EF60形電気機関車
EF60 501

東海道・山陽本線など平坦な幹線で使用するべく1960（昭和35）年に登場。500番代は特急専用の仕様。

EF65形電気機関車
EF65 520

EF60の後継機として開発された代表的電気機関車。520号機は高速貨物けん引用のバージョンだ。

展示車両図鑑 — 碓氷峠鉄道文化むら

043

EF58形電気機関車　EF58 172

終戦直後に登場し一時代を築いた電気機関車。172号機はお召列車けん引に使用された経歴を持つ。

**EF15形
電気機関車
EF15 165**

旅客用のEF58と共に終戦後に生まれた電気機関車の双璧となった貨物用の機関車。

**EF59形
電気機関車
EF59 1**

「西の箱根」とも称された山陽本線瀬野〜八本松間で使用。クラシカルで無骨な外観が魅力的。

EF53形電気機関車　EF53 2

東海道本線、高崎線などで使用された戦前を代表する旅客用機関車。一部車両がEF59に改造された。

EF30形電気機関車　EF30 20

関門トンネル専用の機関車として開発された。20号機は1986（昭和61）年に廃車となった。

EF80形電気機関車　EF80 63

常磐線の上野〜水戸間電化に備えて開発された交直両用の電気機関車。特急から貨物列車までけん引。

EF70形電気機関車　EF70 1001

北陸トンネルの開通に備えて開発された交流機。1000番代は特急けん引用として改造により誕生。

展示車両図鑑 ── 碓氷峠鉄道文化むら

ED42形電気機関車　ED42 1

1963（昭和38）年9月まで碓氷峠に存在したアプト式鉄道の主力機。ED42 1は準鉄道記念物に指定。

D51形蒸気機関車　D51 96

日本の蒸気機関車最多の1115両が生まれたデゴイチ。半流線形の96号機は「ナメクジ」の愛称を持つ。

DD53形ディーゼル機関車　DD53 1

3両のみ製造された大出力ディーゼル機関車。除雪用を本分とするが、列車のけん引にも使用された。

DD51形ディーゼル機関車　DD51 1

1962（昭和37）年に誕生した本線用のディーゼル機関車。多くのバージョンが生まれ総数は649両に。

**キハ20形気動車
キハ20 467**

1957（昭和32）年から製造されたキハ20系は全国に足跡を残した。467号はかつての国鉄標準色を再現。

**キハ35形気動車
キハ35 901**

キハ30系は都市近郊での使用に配慮して室内をロングシートに。901号は車体にステンレスを採用した。

**189系 特急「あさま号」
クハ189 506**

189系特急形電車の先頭車。クリームと赤の塗り分けは、国鉄特急形電車の標準として使用された。

**189系 特急「あさま号」(JR色)
クハ189 5＋モハ189 5**

こちらの189系はJR発足後に使用された新しい塗装で保存されている。

展示車両図鑑 ― 碓氷峠鉄道文化むら

マイネ40形客車
マイネ40 11

進駐軍専用として1948(昭和23)年に製造された1等寝台車。車内の半分が個室となっていた。

ナハフ11形客車
ナハフ11 1

1955(昭和30)年から製造された10系客車の1両。ヨーロッパの車両を参考に軽量構造を採用した。

オハネ12形客車
オハネ12 29

10系グループに属するB寝台車。車内には幅55cmの寝台が3段式で配置されていた。

12系お座敷客車
スロフ12 822・オロ12 841

12系客車を改造し、室内を畳敷きにしたお座敷客車。主に団体専用の臨時列車として運転された。

オシ17形客車
オシ17 2055

10系客車グループに所属する食堂車。車内で食事を提供する食堂車は、かつて全国で運転されていた。

オハユニ61形客車
オハユニ61 107

オハ61系は旧型車の台枠を使用して車体を新製。オハユニ61形は郵便室と荷物室を備えた合造車だ。

ヨ3500形貨車　ヨ3961

貨物列車の最後尾に連結された車掌車。普段は脚光を浴びることが少ない車両だけに、貴重な存在だ。

スニ30形荷物車　スニ30 8

荷物運搬専用の客車。車体色は「ぶどう色」とも称され、汚れが目立たないことから広く使用された。

キニ58形荷物気動車　キニ58 1

荷物運搬専用の気動車。急行用気動車を改造して製造され、1985（昭和60）年まで使用された。

新幹線用軌道確認車　GA-100

始発電車が運転される前に本線上を走行し、線路の安全を確認するための車両。最高速度は100km/h。

ソ300形操重車　ソ300

操重車とはクレーンを搭載した車両のこと。ソ300形は2両のみが製造され、架橋工事に使用された。

展示車両図鑑　碓氷峠鉄道文化むら

青梅駅から徒歩15分の丘の上に建設された青梅鉄道公園。いち早く車両を保存し、啓蒙に努めた意義は大きい

KANTO

東京都青梅市

青梅鉄道公園
（現在はリニューアルのため2025年度末まで休園中）

鉄道開業90周年を記念してオープン
鉄道史のエポックとなった車両を展示

東京都青梅市にある青梅鉄道公園は、鉄道開業90周年を記念する事業の一環として、1962（昭和37）年10月にオープンした。この当時は日本が高度成長のさ中にあり、鉄道は増え続ける輸送需要に対応すべく、近代化に追われ続けていた。そのような時代でありながら、鉄道車両を保存する意義を認め、十分なスペースを割いての鉄道車両の保存を実施したこの公園のオープンは意義深いものとなった。　園内に保存・展示されている車両は10両。過去には鉄道開業時に輸入された110形機関車や、東海道本線で特急もけん引したC51形蒸気機関車なども展示されていたが、これらの車両は、高い価値が認められ、さいたま市の鉄道博物館などに移設されている。

なお、当公園は現在各種施設のリニューアル工事実施のため、2025年度末まで休園中だ。

INFO

◎アクセス：JR青梅駅下車徒歩15分　◎開園時間：10:00〜16:30（最終入園16:00）毎週月曜（祝祭日の場合翌日）、年末年始は休園　◎入園料：小学生以上70歳未満100円
※リニューアルオープンのため休園中（掲載の写真・情報は休園前のもの）

園内の記念館には「模型鉄道パノラマ」などの展示も充実。展示車両の解説コーナーもある。

展示車両図鑑

ED16形電気機関車
ED16 1

戦前製の国産電気機関車。昭和末期まで青梅線、南武線でも運転され、青梅にも縁の深い機関車だ。

クモハ40形電車
クモハ40054

都市圏で働いた戦前を代表する通勤用の電車。054は1935（昭和10）年に誕生。青梅線でも運転された。

0系新幹線電車　22 75

東海道新幹線開業時から運転された0系の東京寄り先頭車。客室内、運転台の見学も可能だ。

展示車両図鑑 ── 青梅鉄道公園

5500形蒸気機関車　5540

明治時代にイギリスから輸入され、旅客列車の中距離輸送に活躍。明治時代の主力機の一つとなった。

2120形蒸気機関車　2221

明治時代を代表する機関車。旅客列車けん引、貨物列車けん引など、あらゆる仕事をこなした。

9600形蒸気機関車　9608

大正時代を代表する貨物用機関車。愛称は「キューロク」。国鉄で最後に残った蒸気機関車だった。

8620形蒸気機関車　8620

9600形と双璧をなす大正時代を代表する旅客用機関車。愛称は「ハチロク」。その足跡は全国に及んだ。

C11形蒸気機関車
C11 1

近距離での運転に適した近代的なスタイルの機関車。ローカル線を中心に全国で運転された。

E10形蒸気機関車
E10 2

勾配線区用として1948（昭和23）年から5両のみの製造。転属を繰り返した悲運の機関車だった。

D51形蒸気機関車
D51 452

1115両が製造された「デゴイチ」は当公園でも1両を保存。使い勝手の良さが評価されて量産された。

展示車両図鑑 ─ 青梅鉄道公園

伊予西条駅に隣接して4つの建物が建つ。写真は2014（平成26）年オープンの南館。屋外展示はフリーゲージトレイン

愛媛県西条市
鉄道歴史パーク in SAIJO

SHIKOKU

JR四国伊予西条駅に隣接して作られたミュージアム。
四国にゆかりの車両、誘致を願っての新幹線電車が並ぶ

INFO

◎アクセス：JR予讃線伊予西条駅下車徒歩1分　◎開館時間：9:00～17:00（最終入館16:30）毎週水曜（祝祭日の場合翌日休館）　◎入館料：高校生以上300円、小中学生100円、幼児無料

　JR四国・予讃線の伊予西条駅の北側に隣接する場所に2007（平成19）年にオープンした博物館。2014（平成26）年7月には駅の南側に南館がオープンし、従来からの施設は北館を名乗ることになった。また、北館に隣接する場所には地元出身で東海道新幹線の建設にも尽力した第4代国鉄総裁・十河信二を顕彰する「十河信二記念館」と、西条市観光交流センターも建っており、これらの施設を合わせて「鉄道歴史パーク in SAIJO」と命名されている。

　館内に保存されている車両は、四国に関わりの深いDF50形ディーゼル機関車や、十河信二にゆかりの0系新幹線電車など6両。これらの車両は北館と南館に分けて展示され、入館料は北館、南館で共通となっている。
　そのほか、鉄道模型レイアウトや、通票閉塞器などの鉄道アイテム展示、JR四国の情報展示コーナー、屋外展示コーナーなどを設置。南館の芝生広場周辺には延長235mのミニSL軌道が敷設。イベント開催時には、多くの親子連れでにぎわう。

上／0系新幹線電車運転台。今日の目にはアナログ感がある。下／館内には実際に使用された機器も展示されている。

上／2014（平成26）年にオープンした南館。　下／南館に設置されているHOゲージのジオラマ。四国を走るオリジナル車両が土・日・祝日は30分間隔で運転される。

JRの線路を挟み
南北に分かれて建つミュージアム
おしゃれな外観も魅力の一つ

四国鉄道文化館北館。館内で保存されているDF50形機関車は、開館当時、同形で唯一、走行可能な状態で展示された。館内に引き込まれた線路も伊予西条駅につながっている。

館内情報 ― 鉄道歴史パーク in SAIJO

左／十河信二記念館外観。十河は旧中萩村（新居浜市）出身。西条市の市長も務めた。第4代国鉄総裁となり新幹線の建設に尽力。　上／十河信二記念館では十河ゆかりの品を展示している。

鉄道歴史パーク in SAIJO
展示車両図鑑

フリーゲージトレイン　第2次試験車GCT01-201
新幹線と在来線の直通を可能にするフリーゲージトレインの試験車。山陽新幹線および予讃線での走行試験を終了し当館へ。

**DE10形
ディーゼル機関車
DE10 1**
ローカル線での運転、駅での入れ換え用に量産された機関車。1号機は最後まで四国島内で活躍した。

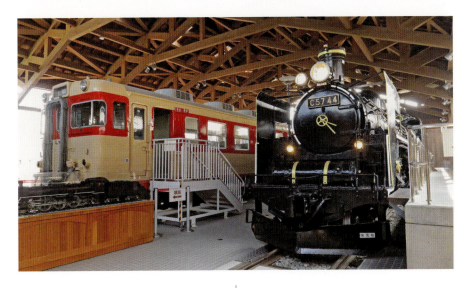

キハ65形気動車　キハ65 34
エンジン出力を強化した急行用の気動車。四国では2008（平成20）年まで運転されていた。同形式で唯一の現存車両。

C57形蒸気機関車　C57 44
十河信二の雅号にちなみ「春雷号」と呼ばれ長く西条市民公園で保存されていたものを、南館開館時に修復展示。

0系新幹線電車　21-141
四国とは縁の薄かった新幹線だが、隣接する新幹線の父・十河信二つながりでこの地にやって来た。

DF50形ディーゼル機関車　DF50 1
1957（昭和32）年から138両が製造された本線用の機関車。四国では予讃線、土讃線で活躍。

展示車両図鑑 — 鉄道歴史パーク in SAIJO

門司港駅を見下ろす丘の上に2003（平成15）年にオープン。九州で随一の規模を誇る鉄道記念館となった

福岡県北九州市

九州鉄道記念館

明治期の私鉄の本社屋を使用し、九州鉄道発祥の地に建つ鉄道記念館。保存車両の状態の良さも特筆に値する

INFO

◎アクセス：JR門司港駅下車徒歩7分　◎開館時間：9：00～17：00（最終入館16：30）休館日：不定休（年間9日）　◎入館料：大人300円、中学生以下150円、幼児無料

JR門司港駅を見下ろす小高い丘の上に建つ記念館。本館は風格のある煉瓦造りのものが、元をただせばこの建物は、九州で初めての鉄道として1888（明治21）年に設立された九州鉄道の本社として建てられたものだ。九州鉄道は現在の門司港と八代の間の建設などを手掛け、1907（明治40）年には国によって買収され、九州鉄道が建設した路線は帝国鉄道庁に編入されている。この本館の建物自体も国の登録有形文化財となっている。

館内に保存・展示されている車両は10両。このうちの9両は屋外に展示されているが、特筆しなければならないのは、当館の保存車両が大変に美しい状態が保たれていることで、これは当館の宇都宮副館長を始めとするスタッフの尽力によるところが大きい。

そのほか、館内には運転シミュレーター、鉄道模型レイアウト（ジオラマ）、屋外にミニ鉄道公園などがあり、家族全員で楽しめる施設となっている。

煉瓦建ての本館は九州鉄道の本社として建てられたもの。門司港レトロ地区に建つ歴史的建造物の一つに数えられている。

KYUSHU

上／「九州の鉄道大パノラマ」。九州の車両が主役のHOゲージの大型レイアウト。
下／本館内は随所に鉄道写真、鉄道アイテムが飾られ、展示の密度は高い。

館内情報 ── 九州鉄道記念館

クラシカルな建物の内部にさまざまな時代の鉄道の姿を伝えるアイテムが並ぶ

本館横の広場には線路幅450㎜のミニ鉄道が敷かれている。ここを走るのはJR九州の代表車両を模したミニ車両たち。1両に3名まで乗車できる。

シミュレーターの運転台はJR九州811系を模したもの。実際の風景を収めた映像を使用し、門司港駅から折尾駅までの間の運転を楽しむことができる。

九州鉄道記念館
展示車両図鑑

**9600形蒸気機関車
59634**

1913（大正2）年から770両が製造された日本を代表する貨物用機関車。59634号機は筑豊地区などで活躍。

**C59形蒸気機関車
C59 1**

東海道・山陽本線などで特急のけん引を務めた日本を代表する機関車。1号機は準鉄道記念物に指定。

EF10形電気機関車　EF10 35

1934（昭和9）年から製造された貨物用機関車。35号機はステンレス車体に改造し関門トンネルで使用。

ED72形電気機関車　ED72 1

北九州地区が電化された際に登場。寝台特急から貨物列車まで、さまざまな列車をけん引した。

展示車両図鑑 ― 九州鉄道記念館

キハ07形気動車
キハ07 41

1937（昭和12）年から製造が始まったクラシカルな気動車。41号は豊後森機関区に配置された。戦前に製造され原型を保っている同型車はほかに無く、2022（令和4）年、国の重要文化財に指定。

クハ481形制御車
（485系電車）
クハ481 603

485系電車の先頭車。日本を代表する特急形電車となった485系は、九州でも活躍した。

クハネ581形制御車
（581系電車）
クハネ581 8

「月光形」の愛称を持つ特急形。車内には折り畳み式の寝台を装備し、昼夜兼行で働いた。

展示車両図鑑 ─ 九州鉄道記念館

クハ481形制御車
（485系電車）
クハ481-246

485系特急形電車の先頭車。このカットボディは真っ赤な塗装を採用したJR発足後の姿を再現。

ED76形電気機関車
ED76 1

九州島内の電化区間の延長に備えて開発された機関車。後年には北海道向けのバージョンも登場した。

EF30形電気機関車
EF30 3

関門トンネル用として製造された交直両用機関車。海水による腐食を防ぐステンレスボディを採用。

14系寝台客車　スハネフ14 11

1971（昭和46）年から製造が始まった「第二代ブルートレイン」。寝台特急「さくら」などで活躍した。

チブ37

九州鉄道が発注した明治の客車。座席には畳が用いられている。当館の開館時に往時の姿を再現。

INTERVIEW

取材・構成・文：池口英司

「九州鉄道記念館」宇都宮照信副館長に聞く博物館員の仕事とは？

今日では日本全国に鉄道をテーマにした博物館が建つようになった。それぞれの博物館にはそれぞれの個性があって、一つの大きな博物館に行けばそれですべての勉強が済むというわけにはいかないのが博物館であり、それを巡る者にとっての大きな楽しみとなる。それではその博物館に努めている人たちは、毎日どのようなことを考えているのか。あるいは博物館をもっと楽しむためのコツというものがあるのだろうか。九州鉄道記念館で副館長を務める宇都宮照信さんにお話を伺った。

海の近くにある博物館に必要とされるもの

──宇都宮さんは長年にわたって九州鉄道記念館にお勤めになり、今は副館長でいらっしゃいます。当然、仕事の内容は非常に多岐に渡るのではないかと思うのですが、まず宇都宮さんの毎日の仕事のスケジュールを教えていただけますでしょうか。

宇都宮 九州鉄道記念館は毎日9時に開館します。私は、夏場でしたら6時くらいに

お話を伺った方

**九州鉄道記念館
宇都宮照信 副館長** TERUNOBU UTSUNOMIYA

1949年福岡県生まれ。日本食堂（現・ジェイアール東海パッセンジャーズ）に入社後、長く食堂車の乗務員として活躍。2003年より九州鉄道記念館に勤務。写真や模型などの鉄道趣味にも造詣が深い。著書に『食堂車乗務員物語』（交通新聞社）など

は出勤しています。私は毎朝記念館に保存されている車両を磨く仕事をしておりますので、これはお客様が入館する前に済ませておきたい。そうすると、この時間の出勤ということになるわけです。

──大変ですね。すると、毎朝起きるのは5時くらい？

宇都宮 そうなりますね。9時になると記念館が開館し、その後は事務的な仕事になります。企画展や、展示物の整備に関する検討をし、それから多方面から寄せられてくる質問に答えてゆくのがこの時間です。難しい質問がありますと、その答えを出すのに時間がかかることもあります。展示車両の履歴について問い合わせをいただくこともありますし、「毎日機関車を磨いているそうですが、それはどのような方法なのでしょうか？」という問い合わせもあります。質問にもいろいろなレベルのものがあり「赤い機関車と、茶色の機関車では、どのように違うのですか？」というものもある。それぞれの質問に対して、それぞれの方が納得していただける答えを出さなければなりません。

──確かに色々な質問が来るわけですから、それには答える側が合わせていかなければならないのでしょうね。

宇都宮 館内の展示物が不調になることもあります。例えば館内に設置している「パノラマ」つまり、HOゲージ鉄道模型のレ

イアウトですが、これが走らなくなることもありますから、そのような時は修理に向かいます。他に当館には「運転シミュレーター」と、屋外の「ミニ鉄道」が動く展示物で、やはり不調に陥った時には、これを直す仕事が必要になります。屋外の「ミニ鉄道」の修理やメンテナンスは夕方に行い、暗くなってきてまわりが見えなくなってきたら、今度は室内に戻って、鉄道模型のメンテナンスということになります。

──展示用の模型というものは、個人所有の趣味の模型とは走行する距離が違いますから、メンテナンスも大変だと思います。

宇都宮　模型のレールや車輪というものは、走るにしたがって汚れてゆくものです。ですから接点の不良というのは必ず起こりますし、電気回路を構成する部品のはんだ付けが外れてしまうこともある。その時はこれを修理して、列車がスムーズに走れるように調整します。夕方から夜にかけての1時間から2時間はそのような作業をしています。

──次の開館までには調整を済ませなければならないわけだから、大変ですね。

宇都宮　そうですね。やはり子どもさんが楽しみにしているものですから、それには応えないといけません。屋外の「ミニ鉄道」も雨上がりなどには気を遣います。この車両もレールから集電して動いています。電圧は24Vと高くはないのですが、電流は大きいので子どもさんが触ったりしますと危険です。ですから線路内には立ち入らないようにお願いしていますし、メンテナンスも必要になります。電気回路の確認と、それから、手間がかかるのは枕木の交換です。これは実物の鉄道と同じです。門司港という場所は海が近いですから、常に潮風が吹いてきます。雨と風が両方吹き寄せてきますと、車両の中にある基盤が腐食して走行不能になります。長雨が続いた後は絶縁不良が起こることもあります。そういうデリケートな部分もある展示品ですから、走行中に雨が降り出した時などには、何も起こらずに帰って来てくれよという気持ちにもなりますね。「ミニ鉄道」も子どもさんに安心して楽しんでいただけるよう、無事に動いてくれることが何よりなのです。鉄道模型のレイアウトにしても、「ミニ鉄道」にしても、夜のうちに作業をして、開館前に試運転をするということもあります。

インタビュー──九州鉄道記念館

門司港レトロエリアの一角に構える九州鉄道記念館。海に隣接しているため、屋外展示や「ミニ鉄道」の手入れにはいっそう気を配っている。

一緒に楽しみながら
鉄道の知識を深めたい

——そのような作業は、私たち利用者にはなかなか解らないものです。お仕事は大変多岐に渡っているようで、毎日が大変なのだろうと思いますが、そのような中で、博物館員さんの仕事の使命、大きな役割は何であるとお考えでしょうか？

宇都宮 これは博物館員が仮に10名いたら10通りの答えが出て来るものなのだと思いますが、私が常に考えていることは、お客様にどのように展示物を見ていただけるか、そして、お客様にまた来てもらえるためにするべきことは何なのか、ということです。そのうえで、さらに鉄道に興味を持っていただき、知識を増やしていって欲しい。博物館にいらっしゃる前から鉄道が好きな人であれば、来館する目的もはっきりしているでしょうし、リピーターにもなっていただけるのでしょうが、観光旅行の目的地の一つとして当館にいらっしゃるお客様もいらっしゃいます。そのような方にも興味を持っていただけるように留意していかなければなりません。

——興味の持ち方も十人十色なのでしょうね。

宇都宮 私は鉄道の歴史も多く話をするようにしています。この機関車はどのような列車を引いたのかであるとか、何年頃にどこを動いていたのか、というようなことです。それであれば、お客様それぞれに思い出もおありでしょうから、それと重ね合わせてゆくことができます。一つの車両であれ、おばあちゃんは実際にその列車に乗って学校に行った、お母さんはその話を聞いたことがある、娘さんは今初めてその車両を見たという具合に、鉄道車両には世代を超えて、見る人にメッセージを伝える力が備わっていますから、そこに思いをはせていただくことも、あるいは良いことではないのかなと考えています。

——初めてその列車に乗った時の思い出というものは、もしかしたらその人が一生忘れることのできない思い出になるのかもしれませんね。

宇都宮 そうですね。この車両に乗って就職した、新婚旅行に出かけた、新しい生活は故郷を離れて東京で始めなければならない、そういった人それぞれの思い出の中に、鉄道が登場するということはあるのではないかと思います。今であれば、九州から東京は飛行機で1時間半の距離です。新幹線でも5時間。あっという間に到着する。けれども昔はそのような感覚ではなかった。

機関車やかつて本州〜九州を駆けた特急車両など、懐かしい車両がずらりとならぶ。在りし日の鉄道の姿を残し、鉄道にまつわる記憶や想いを次代に伝えていくのも博物館の役割だ。

機関車を磨く宇都宮さん。美しいボディは、宇都宮さんの手によって毎日丹念に磨き上げられている。

東京に行ったならば、二度と故郷には帰って来られないかもしれない。そんな気持ちさえ抱いていたのではないでしょうか。

――蒸気機関車が列車を引いていた時代の感覚というものは、そうであった気がします。

宇都宮 蒸気機関車という車両には、そういった人それぞれの思い出を喚起する力が備わっていますね。それがC57形であれC59形であれ、その形式を見分けるのは鉄道ファンの仕事であって、たとえ機関車の形式が何であれ、それは構わない。人それぞれに思い出や、思い入れがある。ですから、私たち博物館員はそれを感じ取って、それに合わせてまた新しいテーマを提供して差し上げる。そういうことなのかなと思います。それは相手がお年寄りであれ、子どもさんであれ、皆同じです。皆鉄道が好きなのであれば、一緒に鉄道のことをもっと好きになりたいという考え方です。

保存車両展示は
日々のメンテナンスがあってこそ

――宇都宮さんが、毎日展示車両を磨いているという話は、時々雑誌などに紹介されているようですが、今でもそのお仕事は続けていらっしゃるのですか。

宇都宮 そうですね。毎朝2時間くらいをかけて車両を磨いています。自動車とは違って鉄道車両は大きいですから、どうしてもそれくらいの時間はかかります。昔は荒縄をほぐして使うのが良いとされていましたが、今はそれの入手が難しくなっていますので、ウエスと油で磨き込みます。車両を磨き込んでゆくと、車体の色が変わってきます。例えば蒸気機関車のナンバープレートに使用されているのは砲金で、これは真鍮(しんちゅう)のものに近い金色というイメージを持たれている方も多いのではないかと思いますが、これを磨き込んでいきますと、その色は白金のものに近い色合いになります。台風、大雨が来た時の跡は、特に念入りに磨くように心がけています。先ほども申しましたようにこの記念館は海がすぐ近くにあり、いわゆる塩害を受けることがあります。台風の後に車両を3日も放置していますと腐食が始まります。

――それは私たちには気が付かないことです。

宇都宮 雨と風が海から吸い上げた潮が、

インタビュー――九州鉄道記念館

ナンバープレートの隅などに固着する。そのままの状態でいると、次の雨で腐食が進行します。ですから、悪天候の後はすぐに車体を洗い、磨いておかなければなりません。休暇をいただいて旅行に出かけた時なども、門司が悪天候ということになると、急いで帰って機関車を磨かないと、という気持ちになります。

──全部手仕事ですから大変だろうと思います。ところで、ご自身が博物館にお勤めになって、それではどのようにすればお客様がもっと博物館を楽しめるようになるのか。そのコツのようなものがあるとお感じでしょうか。

宇都宮 楽しみ方は人それぞれで良いと思います。それでも事前に、あの博物館には何が置いてあるのだろうということを知っておかれれば、より興味が湧き、実物を目にした時の楽しさも増すのではないかと思います。

──これからの宇都宮さんご自身の夢、記念館の計画などがあれば教えて下さい。

宇都宮 私自身には、最後の国鉄形車両を保存したいという夢があります。それはキハ40形であるとか、キハ66・67形ですね。お客様からも「この形式を保存して下さい」という要望は多く寄せられます。ただ、車両を長く保存し続けてゆく上では、さまざまな制約も生じます。

──いったん保存はされたものの、その後誰も手をつけず、朽ち果ててゆく車両というものも、時々目にすることがあります。

宇都宮 あれは悲しいものです。保存して、その後何も手入れをしないのであれば、それはその場で解体する方が機関車のためにとっても良いのではないでしょうか。手入れができないのであれば、保存できないということになります。コロナ禍が下火になりつつある今は、子どもさんが元気に走り回る姿を見られるようになりました。外国からのお客さまも増えています。その方たちに鉄道の素晴らしさを伝えることが、私たちの新しいテーマとなっています。

インタビュー──九州鉄道記念館

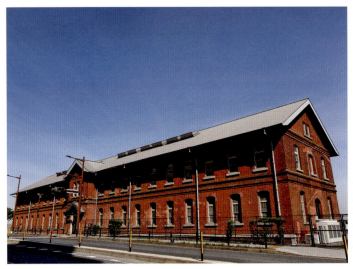

記念館は、明治時代に建てられた旧・九州鉄道会社の本社社屋を活用。本州との玄関口であった門司港から九州全土へ鉄道網が広がっていった。

HOKKAIDO

CHAPTER 2
北海道・東北の鉄道ミュージアム

国鉄時代の名残を残した廃線・廃駅を活用したミュージアムも多い北海道・東北エリア。鉄道だけでなく開拓・開発の歴史を学べる施設も

TOHOKU

転車台と旧手宮機関庫。機関庫内に「大勝号」とキハ03形を保存。機関庫自身も国の重要文化財などに指定されている

北海道小樽市
小樽市総合博物館

**北海道鉄道発祥の地、小樽に作られた博物館
鉄道記念物にも指定された貴重な車両を保存**

北海道の鉄道発祥の地でもある旧・手宮駅の跡地に建てられた博物館。2005(平成17)年11月までは「小樽交通記念館」の名で開館。北海道にゆかりの鉄道車両、史料を数多く保存・展示していたが、小樽市博物館、小樽市青少年科学技術館と機能を統合した上で、2007(平成19)年7月にリニューアルオープンした。

そのような経緯もあって、鉄道関連の展示は充実しており、館内、屋外には50両もの車両が保存・展示され、この中には鉄道記念物に指定されている貴重なものも多い。車両保存にも役立っている旧手宮機関庫も、国の重要文化財に指定されている。

また、屋外にはアメリカから輸入された蒸気機関車「アイアンホース号」が動態保存され、来館者を乗せて走るなど、テーマパーク的な楽しさも演出されている。小樽市総合博物館には小樽運河に面して建つ「運河館」もあるので、本館と共に訪れてみたい。

INFO
◎アクセス：JR小樽駅から北海道中央バス「高島3丁目経由おたる水族館行」で「総合博物館」バス停下車 ◎開館時間：9:30〜17:00(最終入館16:30)毎週火曜(祝祭日の場合は翌平日)、年末年始は休館 ◎入館料：大人400円(300円)、高校生200円(150円)、中学生以下は無料 ※( )は冬期料金

北海道鉄道開通起点
北海道の鉄道のスタート地点。

HOKKAIDO

蒸気機関車
アイアンホース号

1909（明治42）年製。いかにもアメリカンスタイルというプロポーションが嬉しい。

7150形蒸気機関車
大勝号

鉄道記念物に指定。北海道炭礦（たんこう）鉄道が1895（明治28）年に製作した国産蒸気機関車の第2号。

7100形蒸気機関車
しづか号

北海道の鉄道開業時にアメリカから輸入。鉄道記念物に指定。京都鉄道博物館の「義経号」と同型機。

展示車両図鑑 ─ 小樽市総合博物館

C12形蒸気機関車
C12 6
全国のローカル線で働いた機関車。6号機は最晩年に小樽地区で運転されていた。

ロータリー車
キ601
鉄道記念物。1923（大正12）年のアメリカ製。巨大な回転翼で雪をはね飛ばす除雪車。

キハ03形気動車
キハ03 1
ローカル線用に開発された小型気動車。バスの部品が使われており「レールバス」と呼ばれる。

い1号客車
1892（明治25）年に北海道ではじめて造られた一等客車。アメリカの客車をモデルにしている。

キハ56形気動車
キハ56 23
急行形気動車キハ58系の北海道バージョン。後ろに気動車を連結している編成は壮観だ。

マニ30形荷物車
マニ30 2012
珍しい現金輸送用の車両。妻面に貫通路がないことも、この車両の性格を物語っている。

北海道札幌市

北海道鉄道技術館

INFO
◎アクセス　苗穂駅より徒歩15分JR苗穂工場内　◎開館時間：13:00～16:00（毎月第2・第4土曜日に開館　臨時休館あり）　◎入館料：無料（JR苗穂工場正門警備室で入館受付）

北海道における鉄道技術進展の歴史を後世に伝えるべく、1987（昭和62）年4月のJR発足に合わせてオープン。施設はJR北海道苗穂工場内にあり、月に2回ほど開館されている。建物自身も1910（明治43）年に建てられた貴重なものだ。

館内にはキハ82形のカットボディや3軸ボギー台車、HOゲージレイアウト（ジオラマ）などが、屋外にはC62形やキハニ5000形や腕木式信号機などが保存・展示されている。

JR発足後にオープンした北海道の鉄道史を伝える博物館。レンガ造りの建物も明治時代に建てられた貴重な存在。

C62形蒸気機関車　C62 3
わが国最大の旅客用蒸気機関車。3号機は晩年まで函館本線で活躍したことで知られる。

D51形蒸気機関車　D51 237
日本最多の機関車「デゴイチ」。237号機は苗穂工場で新製された。

キハニ5000形気動車　キハニ5005
1929（昭和4）年に製作された国有鉄道初の気動車（ガソリン動車）。1980（昭和55）年に復元。

振子式特急気動車　キハ281 901
1991（平成3）年に製作され、特急「スーパー北斗」（札幌～函館間）として活躍した。

キハ59・29形気動車
「アルファコンチネンタルエクスプレス」カットボディ。1985（昭和60）年に苗穂工場でリゾート列車へ改造。

キハ82形気動車　カットボディ
特急「おおぞら」はキハ82形の完成と共に1961（昭和36）年から運転を開始した。

写真提供：JR北海道文化財団

S-304はれっきとした生きた蒸気機関車だ。動態保存機としていまも走る姿を見ることができる

北海道三笠市

三笠鉄道村

北海道の鉄道の歴史を紹介するさまざまなアイテムが
いかにも北海道らしいゆったりとした景色の中に広がる

　北海道の中央部に広がる三笠市に作られた鉄道ミュージアム。三笠鉄道記念館も建つ「幌内ゾーン」と、そこから約3km離れ、クロフォード公園の名でも親しまれている「三笠ゾーン」の2つのゾーンからなる施設で、「幌内ゾーン」では、小型蒸気機関車「S-304号」の動態保存運転が行われているほか、屋外に多数の車両を展示。三笠鉄道記念館の館内には、北海道の鉄道の歴史を紹介するコーナーや、北海道の炭鉱の歴史を紹介するコーナーが設けられている。

館内のレストランは特急形気動車の食堂車を利用した楽しいものだ。
　一方の「三笠ゾーン」でも数多くの車両が展示されているほか、旧・三笠駅のホームと跨線橋が保存されており、1990（平成2）年にはホームに近接する場所に旧・幌内太駅をイメージした駅舎が復原された。
　両ゾーンともいかにも北海道らしいゆったりとしたスペースに展開する。時間をかけてゆっくりと楽しみたい。

INFO

◎アクセス：岩見沢駅から中央バス幾春別行で「三笠市民会館」下車。そこから市営バスで「三笠鉄道記念館」下車　◎開館時間：9:00〜17:00(10月16日から4月15日まで休館)毎週月曜日は休館(祝祭日の場合は翌日休館)　◎入館料：大人530円　小中学生210円

上／「三笠ゾーン」が設けられているクロフォード公園。幌内太駅舎は1990（平成2）年に復原された。　下／「幌内ゾーン」に建つ記念館本館。

蒸気機関車S-304

元は製鉄所内での使用を目的に製作された機関車。今は貨車改造の客車を引く動態保存機。

キハ80系気動車

国鉄が特急用として製作した気動車。「三笠ゾーン」に6両が静態保存されている。

DD51形ディーゼル機関車　DD51 610
キハ22形気動車　キハ22 52

キハ22形はキハ20形の寒冷地向けバージョン。DD51形と共に北海道になじみの車両だ。

DD51形ディーゼル機関車 DD51 548

548号機はお召列車けん引の履歴を持つ。現在は「三笠ゾーン」で保存されている。

スエ30形救援車

救援車は事故や災害が起こった際に物資などの運搬に使用される。旧形客車の改造により誕生。

ヨ8000形車掌車　ヨ8006

「三笠ゾーン」で保存されている車掌車。

展示車両図鑑 ― 三笠鉄道村

中湧別駅記念館

北海道紋別郡湧別町

INFO

◎アクセス：遠軽駅近隣の「遠軽営業所」からで北見バスで「文化センターTOM前」下車　◎開館時間：無休（12月から3月末まで休館）　◎入館料：無料

中湧別駅の跡に作られた記念館。この駅では名寄本線と湧網線が接続していたが、そんな交通の拠点の駅も、路線と共に1989（平成元）年に廃止された。

屋外には緩急車と除雪にも使用された軌道モーターカーを保存・展示。併せて当時のホーム、レール、跨線橋もそのままの形で残されている。

隣接する「文化センターTOM」や湧別町内の博物館「ふるさと館JRY」でも鉄道資料を見ることができる。

鉄道健在の時代は2つの路線が接続する駅だった。今は数両の車両と跨線橋などを保存。

**ヨ3500形車掌車
ヨ4430
軌道モーターカー**
物資輸送などに使用された小型のモーターカー（写真右）は駅構内の除雪などにも使用された。

**ヨ3500形車掌車
ヨ4421・4433**
ヨ3500形は北海道でも多数使用された。写真のヨ4421は1953（昭和28）年製。

写真提供：湧別町

北海道佐呂間町

佐呂間町交通公園・鉄道記念館

INFO

◎遠軽駅などからバス ◎開館時間：9：00～17：00 月曜日、冬季休館 ◎入館料：無料（ただし記念館は通常は施錠されているので、見学希望者は前もって「食事の店かたひら[TEL：01587-2-3223]」へ要申し込み）

　北海道のオホーツク海沿岸を走った湧網線は、JR発足直前の1987（昭和62）年3月に廃止された。当公園・当館はその在りし日の姿を後世に伝えるべく、佐呂間駅の跡地に建てられた。

　公園内にはD51形蒸気機関車を始めとする国鉄時代に活躍した4両の車両を保存・展示。隣接する鉄道記念館は、旧・佐呂間駅舎を活用したもので、室内には鉄道が運転されていた時代に使用されたさまざまな用品や資料が展示されている。

オホーツク海沿岸を走った国鉄湧網線の記録を残すべく佐呂間駅跡に設立。

写真提供：佐呂間町

DE10形ディーゼル機関車　DE10 1677
ローカル線の運転にも好適な中型のディーゼル機関車。1677号機の最終配置は旭川機関区。

D51形蒸気機関車　D51 565
東北地区で働いた後、1968（昭和43）年からは道内で運転され、1976（昭和51）年に廃車。

スユニ50形郵便荷物車　スユニ50 517
車内を郵便室と荷物室に区分けした事業用の客車。517号は1981（昭和56）年に製造。

ヨ8000形車掌車　ヨ8017
貨物列車の最後尾に連結。ヨ8000形は1974（昭和49）年から製作された近代的な車両だった。

北海道野付郡別海町
別海町鉄道記念館

INFO
◎アクセス：JR釧網本線標茶駅から阿寒バス「標津バスターミナル」行で「西春別」下車◎開館時間：9:00〜15:00　月曜日（休日の場合は翌日）、年末・年始休館　◎入館料：無料

　1989（平成元）年4月30日に廃止となったJR標津線の旧・西春別駅跡に作られた記念館と公園。記念館の館内では鉄道が現役だった時代に使用されたヘッドマークや職員の制服などのさまざまな用品、当時の様子を記録した写真などを展示。今はもう見ることのできない風景に再会できる。

　屋外ではD51形蒸気機関車などの車両を保存・展示。かつての標津線各駅の駅名標も昔のままの姿で残されている。

JR標津線の旧・西春別駅跡に建てられた。在りし日の標津線の姿を今も伝える。

写真提供：別海町

**D51形蒸気機関車
D51 27**
静態保存されている27号機は、ナンバープレートなどに赤を追加。強烈な印象に。

**キ100形除雪車
キ276**
これも標準形として量産されたラッセルタイプの除雪車。機関車で後押しして使用された。

**キハ22形気動車
キハ22 239**
北海道で広く使われた一般形ディーゼルカー。前面に車号を入れるのが北海道のスタイル。

**ヨ3500形車掌車
ヨ4642**
標準形として量産された車掌車。改造車も含めて1300両以上が製作された。

青森県東津軽郡外ヶ浜町
青函トンネル記念館

INFO

◎アクセス：三厩（みんまや）駅から外ヶ浜町循環バス龍飛行で「青函トンネル記念館」下車 ◎開館時間：8:40〜17:00 4月中旬〜11月上旬開館（最新の情報はHP参照）◎入館料：大人400円 子供200円（体験坑道乗車券は大人1200円 子供600円）

　津軽海峡の底の下を走る青函トンネルは総延長53.85km。着工から完成までに24年の歳月が要された。本館は過酷な条件の下で続けられたトンネル建設の歴史を、当時の資料、映像、立体モデルなどを用いて、解りやすく伝えている。

　ケーブルカーを利用して7分で到着できる「体験坑道」は、海面下140mの世界。ここでは実際に建設に使用された機械などを展示して、当時の工事現場が再現されている。

青函トンネル掘削の歴史を伝える博物館。数々の史料が歴史的偉業の横顔を伝える。

写真提供：青函トンネル記念館

セイカン1（もぐら号）
地上と海面下140mの体験坑道を結ぶケーブルカー「もぐら号」。約0.8kmの距離を7分かけて走行する。

水平人車
こちらは水平な坑道で使用された人車。作業員は座って乗車し、車両は小さく作られている。

青森県青森市
青函連絡船メモリアルシップ 八甲田丸

INFO
◎アクセス　青森駅から徒歩5分　◎開館時間：9:00〜19:00（4月〜10月）・9:00〜17:00（11月〜3月）　月曜日（11月〜3月）、年末・年始、3月第2週の月曜日〜金曜日は休館　◎入館料：大人510円　高校生・中学生310円　小学生110円

　1988（昭和63）年3月の青函トンネル開通と共に廃止となったJR青函連絡船で、最終日まで運航されていた八甲田丸を青森駅に近い桟橋に繋留。1990（平成2）年7月に洋上博物館としてオープンした施設。

　船内は現役時の姿が保存されているほか、青函連絡船に関するさまざまな資料を展示。船内1階部分に設けられた車両甲板にはキハ82形など、道内、あるいは青函連絡船にゆかりの深い車両9両が保存・展示されている。

青函航路で活躍した最後の青函連絡船の中の一隻。車両甲板内に9両の車両を保存・展示。

キハ82形気動車　キハ82 101
特急形気動車キハ82形は、北海道の輸送近代化にも大きく貢献した。

ヨ6000形車掌車　ヨ6798
国鉄時代に量産された車掌車。掲げられているマークは、八甲田丸の船体に取り付けられていた。

スユニ50形郵便荷物車　スユニ50 510
郵便と荷物の両方を運搬する専用車。車内では郵便の区分けも可能。

ヒ600形控車　ヒ833
連絡船桟橋で使用された。機関車の次位に連結され、重量のある機関車が船内に乗り込むのを防いだ。

DD16形ディーゼル機関車　DD16 31
小型ディーゼル機関車。青函連絡船では船内に鉄道車両を乗せて運搬する車両航送が行われていた。

宮城県仙台市

仙台市電保存館

INFO

◎アクセス：仙台市地下鉄富沢駅から徒歩15分　◎開館時間：10:00〜16:00　月曜日（祝日の場合翌日）、祝日の翌日（土・日・祝を除く）、年末・年始、冬期間（12月1日〜翌年3月19日）は、土曜日・日曜日・祝日を除き休館
◎入館料：無料

　1976（昭和51）年3月末をもって全廃された仙台市電の車両、史料を保存・展示する博物館。実際に仙台市内を走った3両の路面電車や、電車の部品、かつての仙台市電の様子を伝える資料などを展示。間近で見るパンタグラフや、台車の大きさに驚かされることだろう。

　定番の鉄道模型の展示なども行われており、テーマパーク的な楽しみ方ができる。施設は仙台市地下鉄の車庫内に併設されている。

昭和後期まで健在だった仙台の路面電車の資料館。今も3両の電車が保存され、路面電車の魅力を伝える。

モハ100形123号
モハ400形415号
この2両は戦後生まれの大型車。どちらも仙台市電の廃止まで主力として運転された。

モハ1形　モハ1
1926（大正15）年に製作された木造車体の4輪単車。仙台市電全廃の際に創業時の姿に復原された。

写真提供：仙台市交通局

宮城県栗原市

くりでんミュージアム

INFO

◎アクセス：JR石越駅から栗原市民バスで「若柳中町」または「銀行前」下車徒歩5分　◎開館時間：10:00〜17:00（最終入館は16:00）　毎週火曜日（火曜日が祝日の場合は翌日）、年末・年始は休館　◎入館料：大人500円　小中学生300円　幼児無料

　宮城県の石越と細倉マインパーク前の間25.7kmを結んだくりはら田園鉄道は2007（平成19）年3月末をもって廃止された。本館はその姿を後世に伝えるべく旧・若柳駅跡地にオープン。館内は機関車庫、客車庫、資料館の3棟からなり、12両の車両が保存されているほか、KD95形を使用しての乗車会・運転体験、駅構内を使ってのレールバイクの乗車会などを実施。資料館には運転シミュレータや、ジオラマも設置されている。

くりはら田園鉄道をテーマにした博物館。現役時代の車両を使用しての乗車会、レールバイクの乗車会を実施。

写真提供：くりでんミュージアム

KD10形　ED20形　M15形　KD95形

左からKD10形、ED20形、M15形、KD95形。晩年に架線を撤去したくりはら田園鉄道には、電車と気動車の両方が在籍。当館にはその両方が残されている。

KD95形952

静態保存されている車両。くりでんミュージアムで見学できる。

ト10形無蓋貨車
小さな木造無蓋車だが、今日では貴重な存在となりつつある。

保線用車両　TMC100F
現役時代は保線要員を乗せて本線上を走った。

KANTO

CHAPTER 3 関東・信越の
鉄道ミュージアム

鉄道網の発達している関東・信越エリアは、私鉄
系のミュージアムが充実。信越エリアでは、地域
の発展に寄与した鉄道の姿を見ることができる

SHINETSU

歴代の「ロマンスカー」が並ぶ、「ロマンスカーギャラリー」。左から3000形・3100形・7000形。いずれ劣らぬ名車たちだ

KANTO

神奈川県海老名市
ロマンスカーミュージアム

歴代の特急「ロマンスカー」を展示し2021（令和3）年4月19日オープン。デジタル技術を活かした展示も充実

INFO

◎アクセス：小田急線海老名駅直結 ◎開館時間：10:00〜17:00 火曜日休館 ◎入館料：大人（中学生以上）900円、小学生400円、3歳以上の幼児100円

　小田急電鉄が海老名市に開設したミュージアム。小田急電鉄の代名詞ともなっている「ロマンスカー」について、1957（昭和32）年登場の3000形以降の専用車5形式を展示。小田急「ロマンスカー」の歩みを知ることができる。

　もちろん、鉄道の仕組みを知り、鉄道の魅力を楽しむための施設も充実。今や鉄道博物館の定番となった感のある運転シミュレーターは、7000形の運転台をベースとしたものを設置。憧れの「ロマンスカー」の運転士気分を味わえる。2階に設けられた「ジオラマパーク」には、小田急沿線を再現した巨大なHOゲージレイアウトを設置。一部の車両は来館者自身が運転体験を楽しめる。

　そのほか、「キッズロマンスカーパーク」など、子供が主役になって楽しめる施設も充実。ミュージアムに併設されたカフェ「ロマンスカーピナキッチン」では、ナポリタンや固めのプリンなど、レトロでボリュームたっぷりの洋食を楽しめる。

小田急線「海老名駅」直結の好アクセス。屋上の「ステーションビューテラス」からは駅を行き交うロマンスカーや通勤車両を眺められる。

「ジオラマパーク」では、鉄道模型で小田急の沿線風景が再現されている。

運転シミュレーターでは7000形の運転台を再現。クリアランスが低いスタイルは、まさに「ロマンスカー」の運転台そのものだ。

さまざまなオリジナルグッズが置かれたミュージアムショップ「TRAINS」。2階に設置されている。

歴代の特急「ロマンスカー」が並ぶ姿は壮観！鉄道の魅力を語るコンテンツも充実している

館内情報 ― ロマンスカーミュージアム

ミュージアムカフェ「ピナキッチン」。窓から海老名駅を一望できる。来館者以外の利用も可能だ。

子供が主役となる「キッズロマンスカーパーク」。ペーパークラフトで町と電車を作る「こうさくしつ」(上)と、「ロマンスカーアスレチック」(下)。

ロマンスカーミュージアム
展示車両図鑑

SE(3000形)

航空技術まで駆使して製作された3000形の登場で「ロマンスカー」の名が一躍知れ渡った。左下／3000形改造前の姿。ヘッドライト位置などが異なっている。

NSE(3100形)

3000形の後継車として登場。運転台を2階に上げ、先頭部を展望席とした。右上／3100形晩年の姿。3100形は1963(昭和38)年から1999(平成11)年まで運転された。

LSE（7000形）

1980（昭和55）年に登場。スタイリングの変更でスマートさが演出された。

HiSE（10000形）

1987（昭和62）年登場。客席に当時流行のハイデッカー構造を採用。車体塗色も大胆に変更された。

RSE（20000形）

1991（平成3）年登場。中間車2両を2階建て構造にした車両。主に「あさぎり号」として使用された。

モハ1形　モハ1

当時の小田原急行鉄道が1927（昭和2）年の開業時に製作。展示されているモハ1は、かつて熊本電気鉄道に譲渡された車両である。引退後、小田急電鉄に搬入されデビュー当時の姿に復元された。

展示車両図鑑　ロマンスカーミュージアム

東急田園都市線「宮崎台駅」の改札を出ると目の前に博物館への入り口がある

KANTO

神奈川県川崎市

電車とバスの博物館

私鉄による鉄道博物館の草分け
来館者が車両に触れられる形の展示を提案

1982（昭和57）年に東急の創立60周年を記念する事業として、高津駅に隣接する高架下にオープン。2003（平成15）年に現在地に移転、2016（平成28）年にリニューアル。

私鉄が自らの手によって開館した鉄道博物館の草分け的存在で、さまざまな展示物をただ並べて見せるだけでなく、来館者が展示物で実際に手で触って動かすことで鉄道の仕組みを理解させるという展示法を積極的に採用し、新標準となった。

保存・展示されている車両は、デハ200形など2両と、カットボディなどで、数としては多いとはいえないが、いずれの車両にも車内に入り、あるいは運転台の機器を操作できることが、それまでの車両展示との大きな違いとなった。開館時の入館料は一人10円（現在は大人200円、3歳から中学生100円）で、この価格設定も利用者を驚かせた。

そのほか、東急バスや、YS-11型飛行機のカットボディを展示。運転シミュレーターや、鉄道模型ジオラマも設置されている。

INFO

◎アクセス：東急電鉄宮崎台駅直結　◎開館時間：10:00〜16:30（最終入館は16:00）毎週木曜日（休日の場合は翌日）、年末・年始は休館　◎入館料：大人200円　3歳から中学生100円

ポップなデザインでまとめられたエントランス。自動改札機風のゲートが気分を高めてくれる。

1980（昭和55）年に東横線にデビューした8090系のカット車両による運転シミュレーター。実際の音と映像でリアルに東横線・田園都市線・大井町線の運転を楽しめるシミュレーターは人気のアトラクション。

鉄道模型がレイアウトされたパノラマシアターでは、あらかじめ設定されたシナリオで、東急の一日が再現される。

館内情報 ── 電車とバスの博物館

触れる、動かせる
体験型展示が充実
楽しみながら
鉄道の仕組みが分かる

「電車とバスの博物館」の名の通り、バスに関する展示も充実。写真はフリー乗降区間を設置して運転が開始された「東急コーチ」の1号車。

昔の高津駅の姿を再現した展示。昭和時代の駅の姿は、このようにのどかだった。

写真提供：電車とバスの博物館

電車とバスの博物館
展示車両図鑑

デハ200形 デハ204
東急の路面電車、今はなき玉川線で運転されていた電車。愛称は「ペコちゃん」。

デハ3450形　デハ3456（カットボディ）
モハ510形の後継となる通勤形電車。運転台のハンドルを操作することで、車両の前に設置されている台車の車輪がうなりをあげて動き始める。

モハ510形　モハ510
戦前を代表する名車。戦後に3450形に改造されたが、元の形に復原して展示された。

神奈川県横浜市

京急ミュージアム

INFO

◎アクセス：横浜駅から徒歩7分　◎開館時間：10:00～16:30　火曜日、年末・年始は休館（火曜日が祝祭日の場合は翌日休館）　◎入館無料　※一部体験は有料（事前予約制）
※入館方法はホームページをご確認ください。

　京急電鉄が横浜みなとみらい地区に移転した、京急グループ本社ビルの1階に開設したミュージアム。同社デハ230形デハ236号が保存・展示されているほか、電車運転シミュレーター、京急線の沿線風景を再現したジオラマ（HOゲージ）などを展示している。

　そのほか、京急線の歴史を紹介するコーナー、お子さま向けの工作体験のコーナーなども設置されている。一日3回の入替え制。

「本物を見て、触れて、楽しむ」をコンセプトに、京急の魅力がつまったミュージアム。

写真提供：京急電鉄

デハ230形　デハ236号

デハ230形は1929（昭和4）年に製作されたデ1形をルーツとし、昭和初期の名車の一つに数えられる。本館での保存・展示に際しては、およそ2年をかけて現役時の姿に修復された。

屋外に展示されている日光軌道線で使われていた車両が目を引く

KANTO

東京都墨田区

東武博物館

東武鉄道自らがオープンした鉄道博物館
東武鉄道の歴史に残る名車を数多く展示

東武鉄道の創立90周年事業として1989（平成元）年にオープン。開業時に使用された蒸気機関車B1形が当時の姿に復元されて展示されるなど、東武鉄道の歴史を彩った数々の名車が保存・展示されている。

館内展示では運転シミュレーターや、鉄道模型ジオラマなど、近年の定番とでも呼ぶべきアイテムが導入されているばかりでなく、来館者が鉄道にさらなる興味を持つよう、車輪を回転させて汽笛を鳴らすSLショーなど展示法にも工夫が凝らされている。

また駅の高架下という立地を活用し、通路の壁に小さな窓を設け、そこからホームに発着する電車の足回りを観察できるなど、楽しいアイデアが採り入れられていることも特徴だ。

2012（平成24）年8月には同社の代表的通勤車である8000系8111編成の6両を動態、すなわち営業線上を走行可能な状態で保存。東武アーバンパークラインで活躍中。これも博物館に求められる産業文化財保存活動と言えるだろう。

INFO

◎アクセス：東武スカイツリーライン東向島駅下車◎開館時間：10:00〜16:30（最終入館は16:00）毎週月曜日（祝祭日の場合は翌日）、年末・年始は休館◎入館料：大人 交通系IC利用200円 現金210円 子供100円

上／東武博物館は東向島駅に隣接した交通至便の地にある
下／館内のHOゲージ鉄道模型ジオラマ。東武鉄道の一日を表現するショーが開催される

写真提供：東武博物館

5700系　5701号

愛称「ネコひげ」。1951（昭和26）年に製造。

5700系　5703号（前面部）

1953（昭和28）年に造られた貫通式の半流線形で、5710形モハ5711号が改番された車両。1991（平成3）年まで運転された。

展示車両図鑑 ― 東武博物館

5号蒸気機関車
東武鉄道が1899（明治32）年の開業に際してイギリスから輸入。5号機は開業時の姿に復元されている。

6号蒸気機関車
同じく開業時に輸入された1両。6号機は引退時の姿に復元。

ED101形　101号
イギリスから輸入された電気機関車。貨物列車などをけん引後、近江鉄道へ。2009（平成21）年に里帰り。

ED5010形　5015号
1959（昭和34）年製で東上線で使用。ED5010形は14両製造され、東武鉄道の標準形となった。

1720系　1721号
デラックスロマンスカー（先頭部）

1960（昭和35）年に運転を開始した特急専用車。

デハ1形　5号

浅草（現とうきょうスカイツリー）〜西新井間の電化に際して運転を開始。車体は木造。

日光軌道線200形　203号

日光と馬返（うまがえし）を結んでいた日光軌道線で使用された路面電車。

展示車両図鑑 ─ 東武博物館

トキ1形貨車

222両が在籍した車体長13.8mの大型貨車。廃車後、約1/3にカットされ、工場内で使用された。

キャブオーバーバス

1951（昭和26）年製。前方に飛び出したボンネットを解消し座席を増やしたスタイルが好評だった。

明智平ロープウェイのゴンドラ

東武鉄道が1933（昭和8）年に開業し、1985（昭和60）年に日光交通へ営業譲渡した明智平ロープウェイのゴンドラ。

展示車両図鑑 ── 東武博物館

東京都日野市

京王れーるランド

INFO
◎アクセス：京王線多摩動物公園駅下車　◎開館時間：9：30〜17：30（最終入館は17：00、ミュージアムショップは17：15）水曜日、1月1日は休館（水曜日が祝祭日の場合は翌日休館）　◎入館料：1歳以上400円（一部有料コンテンツあり）

京王線多摩動物公園駅に隣接した、電車について学んだり、体験できるミュージアム。本館1階には150インチの大画面を使った運転シミュレータ、HOゲージジオラマのレイアウトなどを設置。2024年3月に一部リニューアルし、2階にプラレールタワージオラマ」や「プラレールペイント工房」などプラレールに特化したコンテンツとなった。屋外には初代5000系をはじめ井の頭線で活躍した3000系など往年の車両5両が展示されている。

多摩動物公園駅に隣接。体験型の展示も充実し、楽しく電車について学べる。

写真提供：京王電鉄

© TOMY「プラレール」は株式会社タカラトミーの登録商標です。

京王線と井の頭線の往年の車両5両が並ぶ。保存状態は良好だ。

葛西駅の高架下に設けられた博物館。「地下鉄」にフォーカスした、ここでしか見られない資料も充実

KANTO

東京都江戸川区
地下鉄博物館

地下鉄を専門に採り上げた鉄道ミュージアム
さまざまな展示を通じて、複雑な地下鉄のシステムを解説

INFO

◎アクセス:東京メトロ葛西駅下車 ◎開館時間:10:00〜17:00(最終入館は16:30)毎週月曜日(祝祭日の場合はその翌日)、年末年始は休館 ◎入館料:大人220円 子供100円

地下鉄をテーマとして東京メトロ葛西駅に隣接する高架下に1986（昭和61）年にオープンした博物館。館内にはカットボディを含む4両の地下鉄車両と軌道点検などに使用されるモーターカーが展示されているほか、東京メトロの路線を題材にした電車運転シミュレーターや、地下を走ることで表現が難しい地下鉄を巧みに表現した鉄道模型レイアウト（ジオラマ）、トンネルが掘られてゆく工程を紹介する展示物などがあり、普段は目につくことが難しい地下鉄の構造や、独特の役割を知ることができる。

館内に展示されている1000形は東京の地下鉄の創業時の姿が再現され、隣接するプラットホームも昭和初期の懐かしい姿が表現されている。

4台が設置された運転シミュレーターは、乗務員の研修に使用されているものと同等の機材を使用し、当館随一の人気を誇る。また、ホールも併設され、映画の上映などのイベントに利用されている。

副都心線のトンネル工事の際に使われたシールドマシンカッターディスク。地下鉄の歴史や仕組みを伝える展示が並ぶ

写真提供:地下鉄博物館

東京地下鉄道1000形　1001
1927（昭和2）年に現在の銀座線が開業した時から使用された。国の重要文化財に指定されている。

帝都高速度交通営団300形　301
1954（昭和29）年の丸ノ内線の開業時に登場。数々の新機軸を備えた日本の鉄道史に名を残す名車。

東京高速鉄道100形　129
現在の銀座線渋谷〜新橋間を建設した東京高速鉄道が開業に備えて製造。カットボディとして展示。

帝都高速度交通営団01系　01 129
1983（昭和58）年に登場。斬新なデザインで利用客を驚かせた銀座線用の車両。カットボディで展示。

展示車両図鑑 ― 地下鉄博物館

神奈川県横浜市

横浜市電保存館

INFO ◎アクセス：横浜市営バス21・78・133系統「市電保存館前」または68・102・113・156系統「滝頭」下車 ◎開館時間：9：30～17：00（最終入館は16：30）水曜日・木曜日（祝日は開館、振替え休館はなし）、年末・年始は休館、横浜市立小学校の春休み、夏休み、冬休み期間中は無休。◎入館料：大人300円 3歳から中学生100円

1972（昭和47）年に全廃された横浜市電をテーマにした博物館。かつての滝頭車庫の跡地を利用し、館内に7両の車両が静態保存されているほか、横浜市電の歴史を紹介する展示コーナー、HOゲージとNゲージのジオラマ（固定レイアウト）、鉄道模型の車両展示などがあり、幅広く、鉄道への知識を深めることができる。2023（令和5）年7月には、全長9.5mのHOゲージジオラマ「ハマジオラマ」が誕生。映像・照明・音響を駆使した運転ショーが楽しめる。

横浜市電の車庫跡を利用して7両の路面電車を静態保存。室内保存で状態は良好。車内の見学が可能なこともうれしい。

500型
2軸車ながら比較的大型の車両。保存に際して横浜市電の旧塗装が復原されている。

1000型
横浜市電初のボギー車。クリームに青帯の塗り分けが市電最終日まで採用されていた。

1100型
戦前はクロスシートが採用されていた形式。当館の保存車は車内を見学することができる。

1300型
戦後になって誕生した大型車体のボギー車。輸送力が大きいことから全線で重宝された。

1500型
横浜市電を代表する車両となった形式。20両のみの製造だったが、当時の最新技術が導入された。

1600型
横浜市電最後の増備車となった形式。丸みを帯びた車体など近代的なスタイリングを採用した。

くびき野レールパーク

新潟県上越市

INFO
◎アクセス：直江津駅北口から海洋センター行。百間町南下車
◎開館時間：9:00〜15:00 開館は不定期で、年間4日から5日ほど。事前に確認を。 ◎入館料：無料
https://kubikino-railpark.jimdofree.com

頸城（くびき）鉄道は新潟県の新黒井と浦川原の間15.0kmを結んだ私鉄で、線路幅762mmの軽便鉄道として多くのファンに親しまれた。路線が廃止された後も、現役時の姿を懐かしむ声が絶えず、同社の百間町駅の跡地に当館がオープンした。開館は年に数日のみだが、頸城鉄道で使用された車両8両が保存されており、公開日には体験運転も実施されている。現地へのバスは本数が少ないので、公開日と共に、事前に十分に確認しておきたい。

1971（昭和46）年に廃止された頸城鉄道百間町駅の跡に建つ。在りし日の軽便鉄道の姿を偲ぶことができる。

ニフ1荷物車（復元）
客車改造により生まれた2軸の小型荷物車。鉄道模型化で一躍有名に。

蒸気機関車2号機
ドイツ・コッペル社製の蒸気機関車。西武鉄道山口線で運転されていたことも。

ディーゼル機関車 DC92
重量8tの小型ディーゼル機関車。頸城鉄道の晩年まで主力として働いていた。

ハ6客車
クラシカルな客車。2006年に修復工事が行われ、昔日の姿がよみがえった。

ト5無蓋貨車
木造の小型無蓋車。車体側面の丸で囲んだKの字が頸城鉄道の社紋。

ワ7有蓋貨車
鋼製の車体を持つ有蓋車。木造車体だった貨車を自社工場で改造した

ホジ3客車
客車を自社工場で改造して生まれた気動車。定員42名。頸城鉄道の最晩年まで運転されていた。

ワ14有蓋貨車
国鉄から転入した木造有蓋車。2012年に復元工事が行われた。

SLキューロク館の2両の蒸気機関車。どちらも貨物用ながら使いやすく、旅客列車もけん引した。

KANTO

栃木県真岡市

SLキューロク館

蒸気機関車の動態保存を行っている真岡鐵道が開設
圧縮空気で動く9600形を中心に蒸気機関車の魅力を伝える

茨城県の下館と栃木県の茂木を結ぶ真岡鐵道が同社の運転の中枢となっている真岡駅に併設する形で2013（平成25）年に開設した蒸気機関車をテーマにしたミュージアム。同社では1994（平成6）年から蒸気機関車の保存運転を実施しており、この運転とリンクしたプロジェクトとなった。

この施設の中心的存在となっているのが、9600形機関車49671号で、同機は圧縮空気でピストンを動かして走る機関車への改造を受け、休日には1日に3回、30mほどの線路の上を車掌車を連結して2往復。運転される距離はわずかだが、動く機関車の助士席に乗って汽笛を鳴らせる乗車体験もできる。走行音、汽笛は現役の蒸気機関車のそれと変わらず、身近に蒸気機関車の魅力を味わえるイベントとして好評を博している。

また、同館にはD51形蒸気機関車、気動車、客車、貨車なども保存され、一部の車両は車内での見学、休憩も可能になっている。SL列車に乗車した折にも立ち寄ってみたい施設だ。

INFO

◎アクセス：真岡鐵道真岡駅下車　◎開館時間：10:00～18:00　毎週火曜日（休日の場合は翌日）、年末・年始は休館　◎入館料：無料
※乗車体験等は有料

蒸気機関車の留置線にはどちらも蒸気機関車をかたどった上屋がつけられている。

9600形機関車に連結した車掌車に乗車し、構内走行が楽しめる。

D51形蒸気機関車 D51 146
わが国を代表する蒸気機関車。2015（平成27）年から当館で保存。やはり圧縮空気での走行が可能。

9600形蒸気機関車 49671
SLキューロク館の名前の由来となっている機関車。車掌車を連結し圧縮空気を利用して構内線路を往復している。

展示車両図鑑 ― SLキューロク館

スハフ44形客車　25号

北海道向けとして昭和29年に製造されたもので、急行「ニセコ」などに使用された車両。

キハ20形気動車　キハ20 247

昭和30年代のローカル線の近代化に貢献。247号は国鉄時代の真岡線を走った履歴を持つ。

ヨ8000形車掌車　ヨ8016

1974（昭和49）年から1100両以上が製作された国鉄・JRでもっとも新しい車掌車。

ワフ15形緩急有蓋車　ワフ16

晩年は岡山県の水島臨海鉄道で使用された半室を貨物室、半室を車掌室とした鉄製車体の貨車。

ワ11形有蓋車　ワ12

木製車体の有蓋車。ワ12は新潟県の蒲原鉄道で使用され、今も蒲原鉄道の社紋が残されている。

ト1形無蓋車　ト60

10t積の無蓋車。ト60は1940（昭和15）年製。貨車は旅客用車両よりも晩い時期まで木製だった。

新潟県糸魚川市
糸魚川ジオステーション ジオパル

INFO
◎アクセス：糸魚川駅下車　◎開館時間：1月〜6月、10月〜12月　8:30〜19:00（1月1日休館）7月〜9月　8:30〜19:30　◎入館料：無料

糸魚川駅に隣接してオープンした鉄道博物館。翡翠も採れる糸魚川の自然の素晴らしさと、鉄道の魅力を紹介する。

糸魚川駅のシンボル的存在だったレンガ車庫の妻面をモニュメントとして残し、館内には大糸線で働いたキハ52形などの車両を静態保存。

館内に設置された鉄道模型レイアウトで時間待ちをするつもりが、楽しさに気を取られ、乗るはずの列車に乗り遅れた人もいたとか。

自然に恵まれ鉄道も発達した糸魚川の魅力を紹介。館内の鉄道模型大型レイアウトの魅力が時間を忘れさせる。

「トワイライトエクスプレス」再現モデル
糸魚川駅を通過した豪華寝台特急「トワイライトエクスプレス」の客車を模した模型も設置された。

蒸気機関車「くろひめ号」
隣接する東洋活性白土の工場で働いていた機関車。軽便鉄道ファン憧れの機関車も当館で保存された。

キハ52形　キハ52 126
糸魚川で接続する大糸線で2010（平成22）年まで運転された車両。車内は待合室として使用されている。

写真提供：糸魚川市

屋外に展示されたC57形蒸気機関車と200系新幹線。共に新潟に縁の深い車両として、本館での保存・展示が実現した

新潟県新潟市

新潟市新津鉄道資料館

「鉄道の街」新津に建つ鉄道資料館
鉄道とともに地元新津の歴史も学べる

INFO

◎アクセス：新津駅からバスで「新津工業高校前」下車　◎開館時間：9：30～17：00（最終入館は16：30）火曜日（祝祭日の場合は翌日）、年末・年始は休館
◎入館料：大人300円　高校・大学生　200円　小中学生100円

「鉄道の街」として知られた旧新津市に建てられた資料館。「鉄道の街」とは、複数の路線が終結し、地域の拠点となる駅や車両基地が設けられ、多くの鉄道従事者が住まうことで、大きく発展した街を指す。新津以外にも、大宮や、米原などがこれに当たる。

1983（昭和58）年にオープンした当館は、1998（平成10）年に現在地に移転。より広い敷地を活かして、展示施設もリニューアルが図られた。

屋外に保存・展示されているのはC57形蒸気機関車、200系新幹線電車など7両。いずれも新潟に縁の深い車両たちだ。

また、屋内展示では鉄道と深く関わりあいながら発展を続けてきた新津の歴史が詳しく紹介されており、他のミュージアムにはない特色である。ほかにも、トイトレインで遊べる「キッズコーナー」、HOゲージ鉄道模型レイアウト、圧縮空気で動くミニSLなどがあり、子供連れで楽しめる。実物車両の車内は原則、月2回、1両ずつ公開される（12～2月を除く）。

現在の施設は2014（平成26）年7月にオープン。建物の1階と2階が鉄道資料館となっている。

写真提供：新潟市新津鉄道資料館

館内情報 ── 新潟市新津鉄道資料館

館内では鉄道とともに発展した新津のまちの歴史を学ぶことができる

左／「鉄道のまち新津ゾーン」。旧新津市、新潟市と鉄道の関わりを紹介。
上／「鉄道の技術と新潟・新津ゾーン」。鉄道の仕組みを解説。

春から秋にかけての週末とお盆期間に運転される「ミニSL」。1/5サイズのD51形。

「鉄道の技術と新潟・新津ゾーン」には電車運転シミュレータも設置されている。

受付の脇では、鉄道グッズや「鉄道の街・新津」のお土産を販売している。

「ファミリーエリア」内のキッズコーナー。トイトレインなどで遊ぶことができる。

**C57形蒸気機関車
C57 19**

19号機は1938（昭和13）年に誕生。山陽・九州地区で働いた後、最後は新津機関区に配置された。

**200系新幹線電車
221 1510**

東北・上越新幹線の開業時から運転された200系の東京寄り先頭車。

**E4系新幹線電車
E444 1**

オール2階建て新幹線E4系の下りより先頭車。E4系も東北・上越新幹線で使用。

DD14形 ディーゼル機関車 DD14 332

運転台側にロータリー式除雪装置を取り付けての、冬季の除雪作業を本分とするディーゼル機関車。

485系電車 クハ481 1508

国鉄特急型電車の決定版的な存在となった485系。「いなほ」は新潟〜秋田間などを走る特急。

115系電車 クモハ115 1061

こう配区間の近郊形電車として開発された115系。当館の車両は「二次新潟色」と呼ばれる塗分けで保存。

GA100 新幹線軌道確認車

初発電車が運転される前に全線を走り、安全を確認するための車両。まさに縁の下の力持ち的な存在だ。

展示車両図鑑 ― 新潟市新津鉄道資料館

長野県北佐久郡御代田町
御代田町交通記念館

INFO
◎アクセス：しなの鉄道御代田駅下車　◎開館時間：24時間
◎入館料：無料（フェンス越しに自由に見学可）
※4〜11月は月に1度、フェンスを開錠して公開（公開日時は浅間縄文ミュージアムHPで確認）

現在はしなの鉄道の駅となった御代田駅は、かつては国鉄信越本線の駅で、まだ鉄道が非電化だった時代には、線路をつづら折に敷設して、急こう配を超えるスイッチバックと呼ばれる設備が設けられていた。

スイッチバックは信越本線の電化で廃止されたが、その跡地に建てられた当館で、D51形蒸気機関車が保存されている。SLの姿と、スイッチバック跡に非電化の時代を偲ぶことができる。

現在のしなの鉄道御代田駅。信越本線の複線電化によりこの地にホームと駅舎が移動。旧御代田駅のスイッチバック跡に交通記念館が建つ。

D51形蒸気機関車
D51 787
最終配置は木曽福島機関区。1971（昭和46）年に廃車となり当館へ。国鉄OBによる整備も行われた。

写真提供：浅間縄文ミュージアム

長野県上高井郡小布施町
ながでん電車の広場

INFO
◎アクセス：長野電鉄小布施駅下車　◎開館時間：電車の初発から終車まで　◎入館料：無料（小布施駅発着の乗車券か、同駅の入場券が必要）

長野電鉄小布施駅に隣接する形で設けられた保存施設。長野電鉄が創業70周年の記念事業として1990（平成2）年にオープン。かつてはED502、デハニ201などの4両が保存・展示されていたが、2012（平成24）年7月からは、現役を退いた2000系電車が保存され、それまでの4両は同社の現在は廃線となった屋代線信濃川田駅に移転、のち譲渡された。3両のうちモハ2008は車内に入ることもできる。

長野電鉄の歴史に残る特急専用車2000系を保存・展示する。北斎の街・小布施の観光などと共に楽しみたい。

写真提供：長野電鉄

2000系　D編成モハ2007＋サハ2054＋モハ2008
2000系は1957（昭和32）年に運転を開始。当初から特急専用車として運転され、当時は珍しい女性アテンダントも乗車して注目された。

長野県木曽郡上松町
森林鉄道記念館

INFO
◎アクセス：木曽福島駅、または上松駅から赤沢自然休養林行バス　◎開館時間：9:00～16:00（11月上旬から4月下旬まで休園）　◎乗車料：大人900円（中学生以上）　4歳～小学生600円（当時の写真などを展示する森林鉄道記念館は入館無料）

　昭和中期まで、日本の各地に伐採された森林資源を運搬する森林鉄道と呼ばれる鉄道があった。その最大のものが木曽谷に総延長400kmに及ぶ路線だった。

　長野県の上松町にある赤沢自然休養林の園内に敷設された赤沢森林鉄道は、かつての木曽森林鉄道の軌道跡をもとに復元したもので、片道1kmあまりの線路の上を、ディーゼル機関車が客車を引いて往復している。赤沢森林鉄道は、開園期間中に運転されている。（運休日あり。要問い合わせ）

往年の森林鉄道のイメージを再現。貴重な客車たちにもスポットが当たる。

ボールドウィンB1
実際に木曽森林鉄道で使用されたSLで、現在は静態での保存。薪を使用するため煙突が独特の形状となっている。

理髪車
車内が理髪店同様の造りとなっていた理髪車。木曽森林鉄道の名物として、テレビ等にも登場した。

貴賓車
貴賓車の車内にはイスが配置され、ロングシート式の一般形客車との差別化が演出されていた。

写真提供：上松町観光協会

TOKAI

CHAPTER 4
東海・近畿の
鉄道ミュージアム

東西の交通の要衝となる東海・近畿エリアには、特色ある個性派ミュージアムが集結。旧駅舎などを生かした展示施設にも注目

KINKI

愛知県日進市
レトロでんしゃ館

INFO
◎アクセス：名古屋市営地下鉄鶴舞線赤池駅から徒歩　◎開館時間：10:00～16:00　水曜日（祝祭日の場合は翌日）、年末・年始は休館　◎入館料：無料

　名古屋市交通局が運営。正式名称は「名古屋市 市電・地下鉄保存館」とされ、同局の日進工場の敷地内に設けられている。

　レトロ電車とされるのは、1957（昭和32）年の名古屋市地下鉄創業時から運転された地下鉄車両と、1974（昭和49）年に全廃された路面電車の車両たち。そのほか館内には、各種資料の展示コーナーや、鉄道模型のジオラマ（レイアウト）、実際に使用された台車などが展示されている。

　車両は屋内で保存・展示され、状態は良好。館内は駅名標が建てられるなど、駅、あるいは電停のイメージが演出されている。

写真提供：名古屋市交通局

市電1400型 1421号
1936（昭和11）年から75両が製造。名古屋市電の近代化に貢献した。

市電3000型 3003号
1944（昭和19）年から10両が誕生。2車体3台車の連接構造を採用。

市電2000型 2017号
1956（昭和31）年から29両が誕生。ゴムを挿入することで騒音・振動を軽減。

地下鉄100形 107・108号
1957（昭和32）年の1号線（東山線）で使用された。当初は2両編成で運転されていた。

愛知県半田市
半田市鉄道資料館

INFO
◎アクセス：JR武豊線半田駅下車　◎開館時間：10:00〜15:00　毎月第1日曜日・第3日曜日（1月のみ第2日曜日・第3日曜日）に開館　◎入館料：無料

※SLは屋外展示につき、柵外から常時見学可能

　現在は大府と武豊を結ぶローカル線の様相を呈している武豊線だが、元々は東海道本線名古屋地区を建設する資材運搬のために建設された路線で、その歴史は長い。当館はこの路線に関する資料を数多く収蔵する。

　館内にはさまざまな資料、写真、通票閉塞器などを展示。隣接する半田駅の北隣にもC11形蒸気機関車が保存され、一緒に見学することができる。開館日が少ないので、事前にチェックしてから出かけよう。

長い歴史を持つ武豊線の歴史を記した資料を収蔵。資料館の北西に武豊線で働いたC11形を静態保存。

写真提供：半田市

C11形蒸気機関車　C11 265
武豊線でもC11形が運転された。265号機は1970（昭和45）年に「武豊線さようなら蒸気機関車」号をけん引した。

岐阜県美濃市

旧名鉄美濃駅

INFO

◎アクセス：長良川鉄道美濃市駅から徒歩　◎開館時間：4月～9月　9:00～17:00　10月～3月　9:00～16:30　火曜日、年末・年始は休館　◎入館料：無料

　2005（平成17）年に廃止された名古屋鉄道美濃町線の美濃駅の駅舎、ホーム、レールなどをそのまま保存した施設。元をただせば、これらの施設は大正時代に旧・美濃町駅からの移転に際して建てられたもので、その歴史的価値は高い。これらの一連の施設が登録有形文化財に指定されているのも、その証といえるだろう。
　線路上には今も電車が並び、木造の駅舎も原型を留めた形で保存されている。私鉄向けのもらしい瀟洒な佇まいが印象的だ。
発車を待っているかのような雰囲気が漂っている。

写真提供：岐阜県観光連盟

モ601　モ512　モ593
楕円形の窓や丸い前頭部などレトロなたたずまいが魅力のモ512をはじめ、いずれも美濃町線を走り、ファンに愛された車両たちだった。

岐阜県揖斐郡揖斐川町
旧名鉄谷汲駅

INFO
◎アクセス:樽見鉄道谷汲口駅から揖斐川町ふれあいバス谷汲山行「昆虫館前」下車(土・日・祝日)、揖斐川町はなももバス(予約制)「昆虫館前」下車(平日) ◎開館時間:24時間(保存車両内の見学は毎週日曜10:00〜16:00) ◎入館料:無料

　2001(平成13)年に全廃された名古屋鉄道谷汲線の終着駅・谷汲(たにぐみ)駅を保存。昔と変わらない姿が、そのまま現在に伝えられている。駅構内の駅名標や、駅舎内の運賃表までが、美しい姿であることは嬉しく、そして驚がくだ。

　駅構内にはモ755とモ514、車両移動に使用される「アント」と呼ばれる小型機械を保存。これらの車両も状態は良好で、モ755は車内を見学することも可能だ。

名古屋鉄道谷汲線の終着駅を保存。廃止から20年が経過した後も当時の姿がそのまま残る。

モ510形 モ514号
岐阜市内線との直通を機に設定された専用の急行塗装。だ円の戸袋窓にちなみ「丸窓電車」とも呼ばれた。

モ750形 モ755号
1927(昭和2)年から製造。お座敷車に改造の上、名鉄線と鉄道省高山線との間での直通に使用された。

軌道自転車
名鉄時代に、保線作業などに用いられていた軌道自転車。

アント
車両移動に使用される機械。全国の鉄道で同様の機械が使われている。

写真提供:庭箱鉄道

帝国ホテル中央玄関。F・L・ライトの設計で、他に類を見ないエキゾチックな装飾が施されたたたずまいを持つ、明治村を代表する建造物の一つ

TOKAI

愛知県犬山市

博物館 明治村

広大な丘陵地帯に明治を中心とする歴史的建造物を移築
圧倒的なスケールを誇る野外博物館

INFO

◎アクセス：犬山駅東口から明治村行バスで終点下車 ◎開村時間：9：30〜17：00（季節により異なる）休村日は夏期・冬期に設定。（事前にHPなどで確認を）　◎入村料：大人2500円　高校生　1500円　小中学生700円

犬山市の入鹿池のほとりの広大な丘陵地帯に展開する野外博物館。建築家・谷口吉郎と名古屋鉄道副社長（当時）の土川元夫の協力によって、1965（昭和40）年にオープンした。

その名が示すとおり、明治時代を中心とした芸術上・歴史上価値ある取り壊しの危機に瀕した建造物を移築・復原・公開する。移築件数は、国の重要文化財に指定されたもの11件を含め、60件を超える。それまでは人々の関心が薄かった明治時代の建築や文化に脚光を当て、その価値を知らしめたことが、同村の最大の意義と言えるだろう。

村内に保存されている建造物の中には鉄道関連のものも多く、明治時代に輸入された蒸気機関車や、明治末期に製造された路面電車に実際に乗車できることも楽しい。

1日ではまわり切れない圧倒的なスケールも魅力的な博物館。何度も足を運び、明治という時代をじっくりと学んでみよう。

施設内には明治時代の建造物が多数移築されている。「鉄道寮新橋工場・機械館」（上）など鉄道黎明期の貴重な建築・展示も。

写真提供：博物館 明治村

展示車両図鑑

蒸気機関車9号 1912（明治45）年アメリカ・ボールドウィン社製のSL。現在の身延線などで使用された。

蒸気機関車12号 日本に鉄道が開業した翌々年の1874（明治7）年にイギリスから輸入。新橋〜横浜間などを走った。

展示車両図鑑 ── 博物館 明治村

三等客車　ハフ11

明治村では明治時代の三等客車3両を運転。今日の車両と異なる固い乗り心地を体験しよう。ハフ11は1908（明治41）年製で、青梅鉄道、高畠鉄道を経て雄勝鉄道で使用された。

尾西鉄道
蒸気機関車1号

名古屋鉄道の前身の一つ、尾西（びさい）鉄道が1898（明治31）年の開業に際し、アメリカから輸入した小型機。

京都市電

日本初の市内電車の営業運転を行った京都市電。明治村の車両は1910（明治43）年からその翌年にかけて製造された。

明治天皇御料車 （6号御料車）

1910（明治43）年に製造。明治時代に製造された6両のうち一番最後のもの。歴代御料車の中でも最も豪華な車両。

御座所

明治天皇御料車の御座所は、それまでよりも格段に広いものだった。国鉄大井工場で再整備を受け明治村に。

昭憲皇太后御料車 （5号御料車）

最初の皇后専用御料車として製造。1902（明治35）年製。村内の「鉄道局新橋工場」の中で展示されている。

昭憲皇太后御料車御座所

天井は日本画家・川端玉章による「帰雁来燕図」が描かれている。腰壁やソファには「藤の花」が織り出された梨地が使用されている。

展示車両図鑑 ── 博物館 明治村

本館はこじんまりとした建物で、原則として月に1回公開されている

TOKAI

三重県いなべ市
貨物鉄道博物館

わが国で唯一貨物列車を専門とした鉄道博物館
木造貨車など、貴重な史料を数多く保存・展示

INFO

◎アクセス：三岐鉄道丹生川駅下車　◎開館時間：10:00〜16:00　毎月第1日曜日（1月のみ第2日曜日）に開館　◎入館料：無料

　貨物輸送、および貨車をテーマにした鉄道博物館。貨物輸送にも重きを置いている三岐鉄道からの協力を得て、同社丹生川駅に隣接する場所に2003（平成15）年にオープンした。
　施設はこぢんまりとしたもので、開館も原則的に月に1日のみだが、ボランティアスタッフによって運営が続けられ、保存されている車両には貴重なものが多い。その中でもピカーともいえる存在になっているのが、国鉄、東武鉄道で使用の後に三岐鉄道に譲渡された蒸気機関車B4形39号機で、明治期の主流だった4-4-0の軸配置を備えたこの機関車は、当館のシンボル的存在となっている。
　館内には貨物列車の写真を数多く展示するなど、当館の特色が打ち出されており、スタッフによって模型の運転も不定期に行われている。
　建物は三岐線の線路脇に建ち、時々通り過ぎる三岐鉄道の貨物列車の姿を眺めることができるのも楽しい。

上／貨車の写真などを数多く展示。資料性の高い展示が特徴となっている　下／Nゲージの鉄道模型レイアウトも設置。スタッフの手によって運転が行われている。

写真提供：貨物鉄道博物館

B4形蒸気機関車 39号機 明治期の主流だった4-4-0スタイルの蒸気機関車。その姿は今日の目のも優美だ。

シキ160形 超重量物の運搬を専門とする大型貨車。実際の運転では車体を2分割し、中央に積荷を吊り下げて走る。

展示車両図鑑 ― 貨物鉄道博物館

ワフ21000形　21120
初めて鋼製車体で製作された有蓋緩急車。車掌室部分が大きく作られていることが特徴。

ワ11形　ワ11
新潟県にあった私鉄・蒲原鉄道で使用されていた10t積の木製車体の有蓋車。

ワ1形　ワ5490
現在は信越本線の一部となった新潟県の私鉄・北越鉄道で使用され、近江鉄道を経てやって来た貨車。

ホサ1形　ホサ1
23t積のホッパ車。石灰石運搬に使用された後、福井鉄道で工事用として使用されていた。

タム8000形　タム8000
過酸水素運搬用のタンク車。タンク車は積荷に応じて、形態が非常に多岐なものとなっている。

タム500形　タム2920
ガソリン運搬専用タンク車。1931（昭和6）年から製作され、タンク車としては小さな部類に入る。

京都府京都市

19世紀ホール

INFO
◎アクセス：JR嵯峨嵐山駅下車
◎開館時間：9:00〜16:30（不定休）　◎入館料：無料

JR山陰本線の旧線を活用する形で1991（平成3）年に開業した嵯峨野観光鉄道。2003（平成15）年にトロッコ嵯峨駅に隣接して、オープンしたテーマ館。

ここでは19世紀の先人たちが築いたテクノロジーを体感できる。グランドピアノなどが展示されているが、主役的存在となっているのは4両の蒸気機関車と、蒸気機関車のカットボディだ。間近で見る蒸気機関車の迫力は十分で、鉄道車両の大きさを実感できる。

トロッコ嵯峨駅に隣接してオープンした。天井も高く、ゆったりと作られたホール内にさまざまな産業遺産を展示。

写真提供：嵯峨野観光鉄道

D51形カットボディ
603号機先頭部のカットボディ。間近で見る蒸気機関車は、カットボディでも迫力がある。

C58形蒸気機関車 C58 48
ローカル線の近代化に貢献した中型機。48号機は、北海道、山陽、九州で使用された。

C56形蒸気機関車 C56 98
ローカル線の中距離輸送用との小型機。98号機は北海道、山陰地区で使用された。

蒸気機関車「若鷹号」
阿波電気軌道がドイツから輸入。国有鉄道に編入された後は鷹取工場技術者養成所の生徒によって改造された。

旧長浜駅舎。現存する駅舎としては最古のもの。1903（明治36）年までこの駅舎が使用されていた

KINKI

滋賀県長浜市

長浜鉄道スクエア

日本の鉄道黎明期の姿を今日に伝える博物館
北陸本線電化完成時の姿も紹介

INFO

◎アクセス：JR長浜駅下車　◎開館時間：9：30～17：00（最終入館は16：30）年末・年始は休館　◎入館料：大人300円　小中学生150円

　滋賀県の長浜駅は、日本の鉄道の黎明の時代に大きな役割を果たした。東海道本線が陸路で全通する前はここで琵琶湖汽船（当時は太湖汽船）との連絡が行われ、東海道本線の一部となっていたのである。当館はその時代の姿を伝える旧・長浜駅舎と、長浜鉄道文化館、北陸線電化記念館からなる複合的な性格の鉄道博物館だ。

　旧・長浜駅舎は現存する日本最古の鉄道駅舎で、2020（令和2）年には日本遺産に認定。館内には当時の駅長室や、待合室が再現されている。クラシカルな外観にも昔を偲ぶことができる。

　長浜鉄道文化館では、北陸本線に関する資料や、鉄道模型を展示。この鉄道模型はHOゲージを採用。

　北陸線電化記念館にはED70形電気機関車とD51形蒸気機関車が静態保存されている。どちらの車両も北陸本線にゆかりの深い車両だ。

　施設のすぐ脇を北陸本線が走り、館内からも通り過ぎる電車の姿を見ることができる。

資料や鉄道模型を展示する長浜鉄道文化館。天井はヨーロッパの駅舎風の木造アーチ造り。

写真提供：長浜市

D51形蒸気機関車　D51 793　1942（昭和17）年に誕生。最終配置は金沢運転所で、北陸本線などで使用された。

ED70形電気機関車　ED70 1　北陸本線の交流電化に際して開発された。日本初の営業用60ヘルツの交流電気機関車として活躍した。

展示車両図鑑　長浜鉄道スクエア

和歌山有田郡有田川町

有田川鉄道公園・有田川町鉄道交流館

INFO

◎アクセス：藤並駅から路線バス「有田鉄道（金屋口・清水・花園方面）」で「こころの医療センター前」下車　◎開館時間：10:00～17:00　水曜日・木曜日（祝日は除く）、年末・年始は休館　◎入館料：交流館は大人（高校生以上）200円、小中学生100円

　2002（平成14）年に廃止された和歌山の私鉄・有田鉄道の金屋口駅跡周辺に作られた施設。旧駅舎などを使用し、有田鉄道で使用された気動車での乗車体験や、D51形蒸気機関車の保存が行われている。また、鉄道交流館には鉄道模型や、写真が展示されており、有田川町の風景を再現したジオラマでNゲージを走らせることができる。

今はなき有田鉄道の車両などを保存。鉄道をシンボルに住民に親しまれている公園に。

キハ58 003
有田鉄道で使用されていた気動車。ディーゼル機関車に引かれて乗車体験にも使用される。

ハイモ180 101
やはり有田鉄道で使用。線路上の走行が可能で、土曜・休日には乗車体験が行われている。

フラワ1985
元々は兵庫県にあった北条鉄道が導入した気動車。やはり乗車体験に使用されている。

兵庫県多可郡多可町

鍛冶屋線記念館

INFO

◎アクセス：西脇市駅から神姫グリーンバス「鍛冶屋」下車　◎入館料：無料

※館内の見学は、多可町役場商工観光課(0795-32-4779　平日9:00〜17:00)へ要申請。見学は土曜日・日曜日・祝日でも可

　JR西日本が1990（平成2）年3月末まで運行していた鍛冶屋線の終着駅・鍛冶屋駅の跡を再整備した記念館。

　当時の駅舎がそのまま残されたほか、ホームも1両分が健在で、ここには実際に鍛冶屋線で運行されていたキハ30形も静態保存されている。

　記念館内にはヘッドマークなどを保存。今も静かな街並みが残る駅周辺の風景と、昔ながらの風情の駅が、見事に調和している。

JR発足直後に廃止された路線の終着駅を1両の気動車と共に現役時のままの姿で保存。

写真提供：多可町

キハ30形気動車　キハ30 69
実際に鍛冶屋線で使用されたキハ30形。エメラルドグリーンの塗装は「加古川線色」とも呼ばれた。

兵庫県姫路市
手柄山交流ステーション

INFO
◎アクセス：山陽電気鉄道手柄駅下車徒歩10分　◎開館時間：9:00〜17:00　火曜日（休日の場合翌日）、年末・年始は休館　◎入館料：無料

　昔、姫路にもモノレールがあった。1966（昭和41）年に開業した姫路市営のこの路線は営業距離が1.6kmと短かったためか営業は振るわず、1974（昭和49）年には運行が休止され、やがて正式に廃止となった。
　このモノレールの車両を保存し、往時の姿を偲ぶことができるのが当館で、今は保存館となっている建物は、かつての手柄山駅の駅舎を改修したものだ。車両の保存状態は良好で、車内の見学も可能になっている。

かつての駅舎を改修して使用。現在は水族館、多目的ホールなどが併設されている。

写真提供：手柄山交流ステーション

200形　201
実際にこの車両で運転されていた。車両は2両を保存。そのうちの1両は車内の見学ができる。

兵庫県養父市

あけのべ自然学校

INFO
◎アクセス：八鹿（ようか）駅から全但バスで「明延」下車　◎開催時間：「一円電車体験乗車会」は4月から11月の毎月第一日曜日とゴールデンウィーク、夏休み期間の毎日曜日に運転　◎入場料：体験乗車会会費300円（中学生以下1円）

　兵庫県養父市の明延にはスズ、銅などが産出された鉱山があった。最盛期には鉱石を運ぶための「明神軌道」が敷設され、鉱山従事者とその家族は1円の料金で乗車できたことから「一円電車」と呼ばれた。

　1985（昭和60）年に廃止されたが、地域の人々がかつての姿を再現するべく、150mの線路を敷設。実際に使用された客車を運用し体験乗車会を行っている。乗車会は月に1度だが、回を追って来訪客が増えている。

月に1度の体験乗車会にはこのような姿で列車運転が行われる。

くろがね号
実際に明神軌道で使用された客車。月に1度体験乗車会を開催。

しろがね号
明神軌道で従業員輸送などに使用された「電車」。定員6名の小さな車両だ。

あかがね号
こちらも電車。屋根上に乗ったパンタグラフが、この車両が電車であることを示している。

鉱石運搬列車
L型の車体を持つ電気機関車が鉱石運搬車などを従える。最盛期には30輌連ねた列車が頻繁に運転された。

写真提供：あけのべ自然学校

兵庫県加古郡播磨町
播磨町郷土資料館

INFO
◎アクセス：JR山陽本線土山駅から徒歩20分 ◎開館時間：4月1日〜9月30日 9:30〜18:00 10月1日〜3月31日 9:30〜17:00 毎週月曜日（祝休日の場合は翌平日）、年末・年始は休館 ◎入館料：無料

土山駅から徒歩20分の場所に建つ資料館。隣接する大中遺跡からの出土品などを展示し、この地域の歴史を解説。屋外にはこの地を走った別府鉄道の機関車と客車を保存・展示し、これも貴重な資料となっている。別府鉄道関係資料を展示室でも紹介している。別府鉄道は兵庫県内に約8kmの路線を有する非電化の貨物輸送を主体とする私鉄で、旅客輸送もあり、ピーク時は1日に15往復程度が運転されていたが、1984（昭和59）年に全線が廃止された。

播磨町を中心とした地域の古代からの歴史を紹介。この地に働いた小さな鉄道の車両も保存されている。

DC302
ハフ5
屋外展示されている別府鉄道のディーゼル機関車と客車。どちらも、車内に入ることができる。別府鉄道の線路跡を利用した遊歩道「であいのみち」がJR土山駅から整備されている。

CHUGOKU

CHAPTER 5 中国・九州の
鉄道ミュージアム

地域に根差した車両や展示が充実したミュージアムが印象的な中国・九州エリア。規模は大小さまざまながら、見逃せない展示も多い

KYUSHU

ターンテーブルを中心に扇形機関庫が建つ。かつては全国の主要駅でこのような光景が見られた

岡山県津山市
津山まなびの鉄道館

**大型の扇形機関庫を中心に据えて数多くの車両を保存
鉄道の仕組み・歴史、津山の町の歴史も紹介**

INFO

◎アクセス：JR津山駅下車徒歩10分　◎開館時間：9:00～16:00（最終入館は15:30）　月曜日（祝日の場合は翌日）、12月29日～12月31日は休館　◎入館料：大人310円、小・中学生100円

岡山県の津山駅には姫新線、因美線、津山線の3つの路線の列車が乗り入れる。このことから津山も「鉄道の街」として発展を続け、駅に隣接して規模の大きな車両基地も作られた。当館は、この施設を活かして、津山駅構内に2016（平成28）年にオープンした。

施設の中心になっているのが収容線17本を有する扇形機関庫で、かつては主要な車両基地に作られたこのスタイルの機関庫は、蒸気機関車の廃止と共に撤去されて現存するものは少なく、当館のものは京都鉄道博物館の扇形庫に続いて2番目の規模となっている。

当館の扇形庫に保存されているのはD51形蒸気機関車2号機など13両の車両で、いずれも状態は良好だ。

そのほか館内には「あゆみルーム」、「しくみルーム」、「まちなみルーム」などの各コーナーで、鉄道の仕組み、鉄道と津山の町の歴史を紹介。Nゲージ鉄道模型も運転されている。

上／施設は津山駅に隣接して建ちアクセスは良い。
下／D51 755の汽笛を扇形庫の壁面に取り付け。12時と15時に懐かしい音色が奏でられる。

津山の町と駅を鉄道模型で再現した「まちなみルーム」。ほどよく作り込まれた風景が好ましい。

「しくみルーム」では、実際に使用された信号機などを展示。鉄道の仕組みが解説されている。壁面には、機関車のナンバープレート、駅名標なども展示。

「あゆみルーム」では、数々の写真や資料を使って、日本の鉄道の歴史が紹介されている。

豊富な資料や展示に見て・触れて津山の街と鉄道について楽しく学べる

館内情報 ― 津山まなびの鉄道館

津山まなびの鉄道館
展示車両図鑑

D51形蒸気機関車
D51 2

現役時代は主に名古屋地区で運転。大阪の交通科学博物館で展示された後、当館にやって来た。

DF50形ディーゼル機関車
DF50 18

国鉄が本線用として量産した機関車。18号機は四国などで使用された。

DD51形ディーゼル機関車
DD51 1187

本線用機関車。DF50形からのパワーアップを果たした。1187号機はお召列車けん引の履歴を持つ。

DD13形ディーゼル機関車
DD13 638

入れ換え用の中型機。例は少ないが旅客列車のけん引も務めた。やはり交通科学博物館を経て当館に。

DE50形ディーゼル機関車
DE50 1

本線用として1両のみが製作された中型機。伯備線などで試用されたが、1両のみの製造で終わった。

展示車両図鑑 ― 津山まなびの鉄道館

DD15形ディーゼル機関車　DD15 30
DD13形をベースに除雪作業にも使用可能となる改良が施された。30号機は北陸本線で除雪に使用。

DD16形ディーゼル機関車　DD 16 304
入れ換えとローカル線での運転用として開発された小型機。304号機は大糸線で除雪に使用された。

キハ181形気動車　キハ181 12
大出力エンジンを搭載した特急形気動車。12号は特急「はまかぜ」などで運転。中国地方に縁が深い。

キハ58形気動車　キハ58 563
国鉄が急行用として1818両を製作したキハ58系グループの1両。この形の気動車が全国を走った。

キハ28形気動車　キハ28 2329

キハ58形では1両に2基搭載されていたエンジンを1基にした形式。キハ58形と共に使用された。

キハ52形気動車　キハ52 115

キハ20形をベースにこう配線区用としてエンジンを2基とした形式。115号は大糸線などで使用。

キハ33形気動車　キハ33 1001

既存の客車の車体を流用して製作された気動車。2両のみの製造に終わったが、幸運にも保存された。

10t貨車移動機

駅構内などでの入れ換えに使用された。この1両は米子駅で使用されていた。

展示車両図鑑 — 津山まなびの鉄道館

かつての吉ヶ原駅舎が一部改修され、公園の施設として利用されている

岡山県久米郡美咲町

柵原ふれあい鉱山公園

**鉱山鉄道ありし日の姿を伝える野外ミュージアム
当時の街並みも再現され、タイムスリップ感覚を味わえる**

岡山県旧柵原町（現美咲町）にあった同和鉱業片上鉄道は、柵原鉱山で産出された硫化鉄鉱を片上港（備前市）まで運搬するために敷設された私鉄である。

機関車で貨車と客車を同時に繋いで走らせる混合列車を運転するなど、独自の存在感で知られていたが、1991（平成3）年に柵原鉱山の閉山とともに廃止となった。本公園は片上鉄道唯一の転車台があった吉ヶ原駅の跡地に作られ、駅や機関車、気動車、客車、貨車などが保存されている。

公園内は鉄道以外にも手入れされた芝生広場や季節の草花が各所に植えられ、鉄道開通前に活躍した高瀬舟（複製）もあり、四季を通じて来園者の目を楽しませている。

柵原鉱山資料館では、鉱山の歴史や鉱山町の賑わいの様子を再現した展示のほかに、エレベーターで地下に降りると坑内での採掘の様子や坑道内で使用していた坑内電車が展示されている。

INFO

◎アクセス：JR津山駅より中鉄北部バスで「吉ヶ原」下車　◎開館時間：9:00〜17:00（16:30受付終了）休館日：月曜日（月曜祝日の場合は火曜日）、年末年始　◎入館料：大人520円（高校生以上）、小人310円（小学生以上）、団体割引有、公園は無料

園内の鉱山資料館では、柵原鉱山に関する資料を展示。鉱山で使用された列車も展示されている。

写真提供：柵原鉱山資料館／地域おこし協力隊　高尾有加里

キハ702

1936(昭和11)年製造。前照灯や窓等に改造が加えられているが、流線形の独特なスタイルを保っているのは日本で2両のみ。

キハ303

1934(昭和9)年にガソリンカーとして製造。片上鉄道入線後、ディーゼル化等の改造を受けた。走行可能な唯一の旧国鉄キハ04形。

DD13-551

1965(昭和40)年製造。蒸気機関車に代わり、鉱石列車や客車を牽いていた。

ホハフ3002

1947(昭和22)年製造。洗面所などを撤去し、車掌室が設けられた。車内はニス塗り。

ワフ102

1947(昭和22)年製造。鉱石列車などに連結され、緩急車連結廃止まで活躍した。

トラ840

1962(昭和37)年に製造された、18トン積み無蓋車。

展示車両図鑑 — 柵原ふれあい鉱山公園

広島県広島市
ヌマジ交通ミュージアム

INFO
◎アクセス：広島駅からアストムラインで長楽寺駅下車　◎開館時間：9:00〜17:00（展示室への最終入館は16:30）　月曜日（休日の場合は翌日）、祝日の翌平日、年末・年始は休館　◎入館料：大人510円、高校生・シニア250円、中学生以下は無料

　1995（平成7）年に開館した「乗り物と交通」をテーマにした博物館。2015（平成27）年に名称をそれまでの広島市交通科学館から現行のものに改めた。

　館内には世界の乗り物を、模型、写真、資料を使って紹介。年3回の企画展や工作教室などの子供向けのワークショップも随時開催されている。鉄道を専門とはしていないが、屋外には「被ばく電車」として知られる広島電鉄650形電車654号が展示されている。

世界の乗り物を集めて紹介するミュージアム。屋外には広島電鉄の「被ばく電車」を展示。

写真提供：ヌマジ交通ミュージアム

広島電鉄650形654号
原子爆弾投下時に走行していたことから「被ばく電車」として知られた。翌年2月に修復された。654号の車体塗色は1945（昭和20）年当時のものが再現されている。

岡山県笠岡市

笠岡市井笠鉄道記念館

INFO
◎アクセス：山陽本線笠岡駅から井笠バスカンパニー小田経由矢掛行で「新山」下車、徒歩5分　◎開館時間：9:00～17:00　月曜日（休日の場合は翌日）、年末・年始は休館　◎入館料：無料

　1971（昭和46）年に全廃された井笠鉄道の姿を後世に伝えるべく開設された記念館。
　記念館の建物は旧・新山駅舎を使用したもので、当時の面影をそのまま残している。
　屋外には開業時に導入した1号機関車と客車が、大正期に導入された貨車や、くじ場駅で使用されていたターンテーブルと共に保存されており、かつて全国に存在した軽便鉄道の姿を知ることができる。軽便鉄道ファン必見のミュージアムだ。

記念館には新山駅の駅舎が利用されており、展示室はかつては駅の待合室だった。

写真提供：笠岡市教育委員会

1号機関車　ホハ1号客車
ドイツから輸入された「井笠のコッペル」。線路幅762㎜は日本の軽便鉄道の標準的な規格だった。

ホワフ1
ボギー台車を装荷した軽便鉄道としては大きな貨車。車体は木造で、車端部に車掌室がある。

鳥取県倉吉市

倉吉線鉄道記念館

INFO
◎アクセス：倉吉駅から日本交通、または日ノ丸バス西倉吉方面行で「赤瓦・白壁土蔵」下車
◎開館時間：9:00〜17:00 ◎入館料：無料

　1985（昭和60）年に廃止となった国鉄倉吉線の記録を残す記念館。旧・打吹駅の跡に建てられており、館内には当時の写真や、当時の記録を記した資料、あるいは実際に使用された標識などが展示され、車両の入れ換えに使用された小型車両も保存されている。

　また記念館の横にはC11形蒸気機関車を保存。同型のものが倉吉線で働いた。記念館の周辺には、廃線跡を利用した遊歩道も整備されている。

打吹駅の跡地に建つ。駅の周囲には静かな街並みが広がり、白壁の建物が多く建っている。

C11形蒸気機関車
C11 75
1935（昭和10）年製。関西地区で使用された後、米子に異動。1972（昭和47）年に廃車となった。

貨車移動機
協三工業製の貨車移動機。駅構内などに留置され、数両の車両の入れ換えに使用された。

写真提供：倉吉市

福岡県直方市
直方市石炭記念館

INFO

◎アクセス：直方駅から徒歩10分　◎開館時間：9:00～17:00（最終入館は16:30）　月曜日（祝日の場合は開館）、年末・年始は休館　◎入館料：大人100円　大学生・高校生50円　中学生以下無料

石炭の一大産出地だった筑豊地方の中心・直方市(のおがた)に建てられた記念館。往年の石炭掘削の姿を、実際に使用された器具を多数展示して解説している。

屋外には石炭輸送に働いた蒸気機関車や貨車、小型電気機関車などを保存・展示。これも貴重な史料となっている。展示スペースは屋内外ともコンパクトだが、情報量は多い。

今は石炭産業隆盛時の風景が失われたしまった感のある筑豊の、昔日の姿を知ろう。

建物は線路を見下ろす高台の上に建つ。屋外にも産業遺産が多数展示されている。

コッペル32号蒸気機関車
ドイツ・コッペル社製のC形タンク機関車。現役時代は旧宮田町（現宮若市）の貝島炭礦で使用されていた。

C11形蒸気機関車　C11 131
国鉄が筑豊地区で使用した機関車。近年に手入れがなされ、美しい姿が取り戻された。

写真提供：直方市石炭記念館

福岡県田川市
田川市石炭・歴史博物館

INFO
◎アクセス：田川伊田駅から徒歩8分　◎開館時間：9：30〜17：30（最終入館は17：00）　月曜日（休日の場合は翌日。火曜日以降も休日が続く場合は、連休終了日の翌日）、年末・年始は休館　◎入館料：大人400円、高校生100円、小・中学生50円

直方市と共に筑豊地区の石炭産業の中心として栄えた田川市に建つ博物館。1983（昭和58）年の開館以来石炭を中心としたテーマで展示、研究を続けており、1万5000点の石炭に関する資料が蒐集されている。

屋外には9600形蒸気機関車59684号を石炭車セ1208と共に、屋根をつけた状態で展示。この機関車には「門鉄型」デフレクターが取り付けられており、いかにも筑豊で働いた機関車らしい姿となっている。

石炭を中心テーマとする博物館。屋外には炭鉱従業員が暮らした住宅の復元や、大型の掘削機械も展示されている。

写真提供：田川市石炭・歴史博物館

9600形蒸気機関車　59684号
59684号は1922（大正11）年製。戦後は九州で働き、田川線の「さよなら列車」のけん引も務めた。

福岡県宮若市
宮若市石炭記念館

INFO

◎アクセス:宮若市コミュニティバス「石炭記念館前」下車 ◎開館時間:9:00〜17:00 月曜日(祝祭日の場合は翌日)、木曜日午後、年末・年始、祝日は休館 ◎入館料:無料

福岡県の宮若市には1976(昭和51)年まで貝島炭礦が存在し、石炭の産出地として栄えた。貝島炭礦によって設立(後に宮田町立に移管)された、大之浦小学校の校舎を利用してつくられたのが当館で、館内には石炭の採掘に使用されたさまざまな器具や、資料を展示。小学校時代の教室もそのままの姿で保存されている。校庭には貝島炭礦で働いた蒸気機関車と貨車を保存・展示。玄関脇に掲げられた炭礦と鉄道の場所を示す地図には、時刻表の地図に出てこない線路も多数描かれている。

廃止になったJR宮田線の終点・筑前宮田駅跡から徒歩15分。旧・大之浦小学校の跡に建つ。

アルコ22号機
アメリカンロコモティブ製。貝島炭礦で土砂の運搬などに使用された。

大分県玖珠町
旧豊後森機関庫公園

INFO
◎アクセス:豊後森駅から徒歩5分 ◎開館時間:24時間(ミュージアムは10:00〜16:00)年末年始は休館 ◎入館料:無料(ミュージアムは100円)

　久留米と大分を結ぶ久大本線の運転の拠点となっていた、豊後森駅に隣接していた車両基地の施設跡を活用して設けられた展示施設。多数の蒸気機関車を格納した扇形機関庫を中枢として、公園として整備。9600形蒸気機関車29612号機が静態保存されている。公園内には「豊後森機関庫ミュージアム」も建ち、館内には鉄道の歴史を紹介するコーナーのほか、子供向けの図書コーナーや、遊具などが設置されている。プラ板作り体験などイベントも実施。

扇形庫は蒸気機関車を多く有する車両基地に数多く建設された。九州に現存するのはこれのみ。

9600形蒸気機関車　29612号
鳥栖に新製配置された後、最後まで九州島内で使用。手入れがなされ、状態は良好だ。

熊本県人吉市
人吉市SL展示館

INFO
◎アクセス：人吉・球磨スマートICから車35分　◎開館時間：8:30〜17:00　◎入館料：無料

※豪雨災害の影響で肥薩線[八代〜吉松間]は運休中（2024年9月現在）

　JR肥薩線矢岳駅の駅前に開設されている展示館。機関庫内にD51形蒸気機関車170号機が静態保存されている。この機関車は新製後、東海地方での使用を経て人吉に転属し、1972（昭和47）年に廃車となるまで南九州で使用された。

　現在の当展示館はこの1両を保存するのみの簡素な施設で、肥薩線運休中のため、車でのアクセスのみとなっているが、来訪者は多い。蒸気機関車という存在が、今なお多くの人の記憶にあることの証だろう。

九州を代表する山岳路線の駅の前に開設。

D51形蒸気機関車 D51 170

ナンバープレートに入れられた緑色が印象的な人吉市SL展示館のD51形。

さすがに年代を感じさせる風情ではあるが、部品の欠損などのない状態で保存されている。

写真提供：人吉市

鹿児島県薩摩郡さつま町

永野鉄道記念館

INFO
◎アクセス：出水駅から南国交通バス「鹿児島空港」行で「永野」下車　◎開館時間：9：00〜22：00　年末年始は休館　◎入館料：無料

　1987（昭和62）年に廃止となった国鉄宮之城線の薩摩永野駅跡に開設された記念館。現在の建物は鉄道の廃止後に改めて建てられたもので、駅舎をイメージするデザインが採用され、バスの待合室も兼ね、入口の脇にはバスの停留所であることを示す標識が建っている。
　ホーム跡には宮之城線の駅の駅名標が残されているほか、残された線路の上に保線作業に使用された小型の車両も留置されている。

かつての駅跡に建ち、現在はバスの待合所も兼用。駅舎をイメージするデザインでまとめられた、木造の好ましい建物だ。

ヨ8000形車掌車
ヨ8958
車掌車の中では近代的な外観を持つ。ヨ8000形には車掌車で初めてトイレも備えつけられた。

保線用車両
正式には車籍を持たず「機械」の扱いとなっていたが、作業員を乗せて線路上を走った。

写真提供：さつま町

鹿児島県薩摩郡さつま町

宮之城鉄道記念館

INFO
◎アクセス：出水駅から南国交通バス「鹿児島空港」行で「宮之城」下車　◎開館時間：9:00〜22:00　年末年始は休館　◎入館料：無料

JRの発足を目前に控えた1987（昭和62）年1月に廃止された宮之城線の宮之城駅跡に建てられた記念館。宮之城線は延長66.1kmの路線で、それだけの長さの路線の廃止が、国鉄の深刻な状況を物語っていた。

記念館はバスの待合所を兼ねており、館内には通票閉塞器や、分岐器の矢羽根などが展示され、見学は自由。屋外には長く九州で働いたC57形124号機の先頭部がモニュメントとして展示されている。

バスの待合所を併設。館内にはさまざまな鉄道関連の機器が展示されている。

C57形蒸気機関車
C57 124
現役時代は下関を皮切りに、九州島内で長く使用され続けた。現在は先頭部のみが展示されている。

写真提供：さつま町

鹿児島県鹿屋市

鹿屋市鉄道記念館

INFO

◎アクセス:鹿児島空港などから鹿児島交通バス「市役所前」下車 ◎開館時間:9:00〜16:30 月曜日(休日の場合は翌日)、12月29日〜1月3日は休館 ◎入館料:無料

　1987(昭和62)年に廃止となった国鉄大隅線の現役時の姿を後世に伝えるべく建てられた記念館。かつての鹿屋駅の跡地に移転してきた鹿屋市役所の脇に作られている。

　屋外にはキハ20形気動車や作業用車両を展示。館内には大隅線を走った車両が使用したサボ(車体の側面に吊るす表示板)や、鉄道が現役だった時代の姿を収めた写真などが多数展示され、プラレール、Nゲージ鉄道模型も展示されている。

建物は市役所の移転に併せて新築され、鉄道の駅をイメージする瀟洒なデザインとなっている。

写真提供:鹿屋市

キハ20形気動車　キハ20 441
全国で運転されたキハ20形。朱色一色による塗装は後年に採用されたもので「タラコ色」のあだ名も。

APPENDIX

まだある！
鉄道ミュージアム

全国にまだある主な鉄道関連の展示や体験が楽しめるスポットを紹介。あなたの街にも気軽に行ける鉄道ミュージアムがあるかも！

北海道

旧広尾線鉄道資料館
◎所在地：北海道中川郡幕別町忠類幸町511　◎営業時間：8:00～17:00　冬季休館　◎入館料：無料

道の駅あびらD51ステーション
◎所在地：北海道勇払郡安平町追分柏が丘49-1　◎営業時間：9:00～18:00(4月～9月)、9:00～17:00(10月～3月)　年末年始休館　◎入館料：無料

福島町青函トンネル記念館
◎所在地：北海道松前郡福島町字三岳32-2　◎営業時間：9:00～17:00　冬季(12月1日～3月16日)休館　◎入館料：大人400円　子ども200円

上士幌町鉄道資料館
◎所在地：北海道河東郡上士幌町字ぬかびら源泉郷　◎営業時間：9:00～16:00　月曜日、冬季(11月～3月)休館　◎入館料：100円

東北

上興部鉄道資料館
◎所在地：北海道紋別郡西興部村字上興部　◎営業時間：10:00～16:30　水曜日、冬季(10月下旬～4月下旬)休館　◎入館料：無料

小坂鉄道レールパーク
◎所在地：秋田県鹿角郡小坂町小坂鉱山字古川20-9　◎営業時間：9:00～17:00　冬季休業　◎入館料：大人600円、小中学生300円

万字線鉄道資料展示室
◎所在地：北海道岩見沢市朝日町176　◎営業時間：9:00～16:00　土・日曜日、祝日10:00～15:00、年末年始休館　◎入館料：無料　※岩見沢市企画室(0126-23-4111)へ事前の申込要

東北福祉大学鉄道交流ステーション
◎所在地：宮城県仙台市青葉区国見1-19-1東北福祉大学ステーションキャンパスステーションキャンパス館3F　◎営業時間：10:00～16:00　日・月曜日・祝日休館　◎入館料：無料

愛国交通記念館
◎所在地：北海道帯広市愛国町基線39-40　◎営業時間：9:00～17:00　冬季(12月～2月)は日曜日のみ開館　◎入館料：無料

郡山市ふれあい科学館
◎所在地：福島県郡山市駅前2-11-1　◎営業時間：10:00～17:45　月曜日、年末年始休館　◎入館料：一般400円、高校生・大学生等300円、小中学生200円

卯原内交通公園・網走市鉄道記念館
◎所在地：北海道網走市卯原内89-1　◎営業時間：11:00～17:00　水曜日、年末年始休館　◎入館料：無料

日中線記念館
◎所在地：福島県喜多方市熱塩加納町熱塩字前田丁602-2　◎営業時間：9:00～16:00　月曜日、年末年始休館　◎入館料：無料

関東

新幹線資料館
◎所在地：東京都国分寺市光町1-46-8　◎営業時間：9:00～17:00　毎月第2・第4 月曜日、年末年始休館　◎入館料：無料

ザ・ヒロサワ・シティ「ユメノバ」
◎所在地：茨城県筑西市ザ・ヒロサワ・シティ　◎営業時間：10:00～17:00　◎入館料：大人2500円、高校生・大学生1000円、中学生700円、小学生500円、

原鉄道模型博物館
◎所在地：神奈川県横浜市西区高島1-1-2横浜三井ビルディング2階　◎営業時間：10:00～17:00　火・水曜日休館　◎入館料：大人1300円、中学・高校生1000円、子ども［4歳以上］700円　※予約制

房総中央鉄道館
◎所在地：千葉県夷隅郡大多喜町久保102　◎営業時間：10:00～15:30(日曜日)　◎入館料：大人200円、小学生以下100円

辻堂海浜公園交通展示館
◎所在地：神奈川県藤沢市辻堂西海岸3-2　◎営業時間：9:00～17:00　月曜日、年末年始休館　◎入館料：大人310円、20歳未満および学生210円、高校生および65歳以上100円

ポッポの丘
◎所在地：千葉県いすみ市作田1298　◎営業時間：10:00～16:00　火・水・木曜日休館　◎入館料：500円

山梨県立リニア見学センター
◎所在地：山梨県都留市小形山2381　◎営業時間：9:00～17:00　月曜日、年末年始休館　◎入館料：一般・大学生420円、高校生310円、小・中学生200円

都電おもいで広場
◎所在地：東京都荒川区西尾久8-33-7　◎営業時間：10:00～16:00(土・日曜日、祝日)　年末年始休館　◎入館料：無料

北信越

旧新橋停車場
◎所在地：東京都港区東新橋1-5-3　◎営業時間：10:00～17:00　月曜日、年末年始休館　◎入館料：無料

長野計器丸窓電車資料館
◎所在地：長野県上田市御嶽堂2480　◎営業時間：10:00～15:00　土・日曜・祝日ほか休館　◎入館料：無料

物流博物館
◎所在地：東京都港区高輪4-7-15　◎営業時間：10:00～17:00　月曜日、毎月第4火曜日、祝日の翌日、年末年始休館　◎入館料：大人200円、65歳以上100円

直江津D51レールパーク
◎所在地：新潟県上越市東町1-15　◎営業時間：9:45～15:30(不定期営業)　冬季休館　◎入館料：大人300円

ポッポ汽車展示館

◎所在地：石川県小松市尾小屋町カ11　◎営業時間：24時間（点灯は9:00〜17:00、冬季は消灯）
◎入館料：無料

近畿

敦賀鉄道資料館

◎所在地：福井県敦賀市港町1-25　◎営業時間：9:00〜17:00　水曜日、年末年始休館　◎入館料：無料

ジオラマ 京都JAPAN

◎所在地：京都府京都市右京区嵯峨天竜寺車道町　◎営業時間：9:00〜17:00　嵯峨野トロッコ列車の運行日に準じる　◎入館料：大人530円、子ども320円

東海

福知山鉄道館フクレル

◎所在地：京都府福知山市宇岡ノ132-20　◎営業時間：9:00〜17:00　火曜日、年末年始休館　◎入館料：大人500円、子ども250円

千頭SL資料館

◎所在地：静岡県榛原郡川根本町千頭1216-5　◎営業時間：9:00〜16:00（イベントなどで休館の場合あり）　◎入館料：100円

加悦鉄道資料館

◎所在地：京都府与謝郡与謝野町字加悦433　◎営業時間：9:00〜17:00（土・日曜日、祝日）　◎入館料：無料

大井川鐵道プラザロコ

◎所在地：静岡県島田市金谷東二丁目1112-2　◎営業時間：9:00〜17:00　◎入館料：無料

SANZEN-HIROBA

◎所在地：大阪府枚方市楠葉花園町15-1くずはモール南館1階　◎営業時間：10:00〜18:00　◎入館料：無料

名古屋市交通局 市営交通資料センター

◎所在地：愛知県名古屋市中区丸の内3-10-4丸の内会館6階　◎営業時間：10:00〜16:00　水曜日、年末年始休館　◎入館料：無料

カワサキワールド

◎所在地：兵庫県神戸市中央区波止場町2-2（神戸海洋博物館内）　◎営業時間：10:00〜18:00　月曜日、年末年始休館　◎入館料：大人900円、子ども400円

瀬戸蔵ミュージアム

◎在地：愛知県瀬戸市蔵所町1-1　◎営業時間：9:00〜17:00　毎月第4月曜日、年末年始休館　◎入館料：一般520円、高校・大学生および65歳以上310円

中国

鉄道資料館（観光SL会館）
◎所在地：鹿児島県姶良郡湧水町川西789　◎営業時間：10:00～17:00　水曜日休館　◎入館料：無料

やずミニSL博物館
◎所在地：鳥取県八頭郡八頭町西谷564-1　◎営業時間：10:00～15:00（平日）、10:00～16:00（土・日曜日、祝日）　水曜日、冬季休館　◎入館料：大人200円

南薩鉄道記念館
◎所在地：鹿児島県南さつま市加世田本町10　◎営業時間：10:00～17:00（9～5月）、10:00～18:00（6～8月）　◎入館料：大人200円、小学生100円

四国

ゆいレール展示館
◎所在地：沖縄県那覇市安次嶺377-2　◎営業時間：9:30～16:30　土・日曜日、祝日、年末年始休館　◎入館料：無料

坊っちゃん列車ミュージアム
◎所在地：愛媛県松山市湊町4-4-1伊予鉄グループ本社ビル1階　◎営業時間：7:00～21:00　◎入館料：無料

九州

松浦鉄道たびら平戸口鉄道博物館
◎所在地：長崎県平戸市田平町山内免418-2　◎営業時間：9:00～18:00　◎入館料：無料

人吉鉄道ミュージアム MOZOCAステーション868
◎所在地：熊本県人吉市中青井町343-14　◎営業時間：9:00～17:00　水曜日、年末年始休館　◎入館料：無料

営業時間・料金等は、ホームページ等で最新の情報をご確認ください。

おわりに

EPILOGUE

　誰もが小学校の遠足などで、博物館を訪れたことがあるに違いない。その日のことを思い出してみよう。きっとそこには、自分の知らないものがたくさん置いてあって、その一つ一つに驚かされたのではないだろうか。けれどもいろいろなことを知れば知るほど、博物館という場所が楽しくなって、家に帰らねばならないことが、とても悲しかったのではないだろうか。

　今は、その博物館に自由に行くことができる。何度でも行くことができる。あの頃より少し歳を取ったから、何もかもに驚かされることはなくなったけれど、その代わりにあの頃には気が付かなかったことを、より深く、学び直すことができる。

　もう一度、博物館に出かけてみよう。あの頃に帰ろう。博物館は私たちを待ち続けていてくれる。あの頃と同じように。

池口英司

本書は、株式会社天夢人が2021年5月に刊行した旅鉄GUIDE 001『鉄道ミュージアムガイド』を再編集したものです。

池口英司（いけぐち・えいじ）

1956（昭和31）年東京生まれ。ライター、カメラマン。日本大学藝術学部写真学科卒業後、出版社勤務を経て独立。鉄道や旅にまつわる記事を多数執筆。著書に『大人の鉄道趣味入門』（交通新聞社）、『残念な鉄道車両たち』（イカロス出版）など

編　集 ● 揚野市子
編集協力 ● 後藤さおり
ブックデザイン ● 天池 聖（drnco.）

旅鉄BOOKS PLUS 010

鉄道ミュージアムガイド

2024年11月15日　初版第1刷発行

著　者　　池口英司
発行人　　山手章弘
発　行　　イカロス出版株式会社
　　　　　〒101-0051　東京都千代田区神田神保町1-105
　　　　　contact@ikaros.jp（内容に関するお問合せ）
　　　　　sales@ikaros.co.jp（乱丁・落丁、書店・取次様からのお問合せ）

印刷・製本　日経印刷株式会社

乱丁・落丁はお取り替えいたします。
本書の無断転載・複写は、著作権上の例外を除き、著作権侵害となります。
定価はカバーに表示してあります。

©2024 Eiji Ikeguchi All rights reserved.
Printed in Japan
ISBN978-4-8022-1511-4

鉄道をもっと楽しく
鉄道にもっと詳しく

旅鉄 BOOKS PLUS

出発進行！

旅鉄BOOKS PLUS 001
（ 寝台特急「サンライズ
瀬戸・出雲」の旅 ）

旅鉄BOOKS編集部 編
定価2200円（税込）
A5版・144ページ

国内唯一の定期運行する寝台特急となった「サンライズ瀬戸・出雲」。気になる全タイプの個室をイラストや写真で図解するほか、鉄道著名人による乗車記、サンライズ乗車時のアドバイスなどを掲載。「一度は乗ってみたい！」と思っているサンライズビギナーでもわかりやすい完全ガイド。

旅鉄BOOKS PLUS 002
（ 踏切の世界 ）

chokky 著
定価2200円（税込）
A5版・160ページ

全国には形状、音、立地などが特徴的な踏切が多々ある。本書では、全国の特徴的な踏切を紹介。音や動作に特徴がある踏切は、著者のYouTubeのQRコードから、動画で見ることもできる。さらに踏切の警報灯などを開発・製造している東邦電機工業株式会社を取材。進化し続ける踏切技術を紹介する。

旅鉄BOOKS PLUS 003
（ 電車の顔図鑑6
中部・関西・九州の大手私鉄編 ）

江口明男 著
定価2200円（税込）　A5版・160ページ
（2024年10月発売予定）

鉄道車両の精密イラストの第一人者・江口明男氏による、「電車の顔」にこだわったイラスト集の第6弾。現役車両から歴史を彩った名車まで、会社の"顔"となった電車の顔が鉄道模型スケールで並ぶ。
【掲載する鉄道会社】名古屋鉄道／近畿日本鉄道／南海電気鉄道／京阪電気鉄道／阪急電鉄／阪神電気鉄道／西日本鉄道

踏切や信号機が好きな
あなたにオススメ！

（ ヘンな信号機 ）（ 信号機の世界 ）

丹羽拳士朗 著
A5版・176ページ
1760円（税込）

丹羽拳士朗 著
A5版・160ページ
2200円（税込）